V&R

Silke Heimes

Kreatives und therapeutisches Schreiben

Ein Arbeitsbuch

5., ergänzte Auflage

Vandenhoeck & Ruprecht

Bibliografische Informationen der Deutschen Nationalbibliothek

Die Deutsche Nationalbibliothek verzeichnet diese Publikation in der Deutschen Nationalbibliografie; detaillierte bibliografische Daten sind im Internet über http://dnd.d-nb.de abrufbar.

ISBN: 978-3-525-40469-0

Weitere Ausgaben und Online-Angebote sind erhältlich unter: www.v-r.de

© 2015, 2008, Vandenhoeck & Ruprecht GmbH & Co. KG, Theaterstraße 13, 37073 Göttingen / Vandenhoeck & Ruprecht LLC, Bristol, CT, U.S.A.
www.v-r.de
Alle Rechte vorbehalten. Das Werk und seine Teile sind urheberrechtlich geschützt. Jede Verwertung in anderen als den gesetzlich zugelassenen Fällen bedarf der vorherigen schriftlichen Einwilligung des Verlages.
Printed in Germany.
Satz: Punkt für Punkt GmbH · Mediendesign, 40549 Düsseldorf
Druck und Bindung: ❀ Hubert & Co GmbH & Co. KG, Robert-Bosch-Breite 6, 37079 Göttingen

Gedruckt auf alterungsbeständigem Papier.

»Wenn ich mein Leben noch einmal leben könnte,
im nächsten Leben würde ich versuchen,
mehr Fehler zu machen.
Ich würde nicht so perfekt sein wollen,
ich würde mich mehr entspannen.
Ich wäre ein bisschen verrückter als ich gewesen bin,
ich würde viel weniger Dinge so ernst nehmen.
Ich würde nicht so gesund leben,
ich würde mehr riskieren, würde mehr reisen,
Sonnenuntergänge betrachten, mehr Bergsteigen,
mehr in Flüssen schwimmen.
Ich war einer dieser klugen Menschen,
die jede Minute ihres Lebens fruchtbar verbrachten.
Freilich hatte ich auch Momente der Freude.
Aber wenn ich noch einmal anfangen könnte,
würde ich versuchen nur mehr gute Augenblicke zu haben.
Falls Du es noch nicht weißt, aus diesen besteht nämlich das
Leben, nur aus Augenblicken.
Vergiss nicht den jetzigen.
Wenn ich noch einmal leben könnte,
würde ich von Frühlingsbeginn an bis in den Spätsommer
barfuss gehen.
Und ich würde mehr mit Kindern spielen,
wenn ich das Leben vor mir hätte.
Aber sehen Sie ...
Ich bin 85 Jahre alt und weiß,
dass ich bald sterben werde.«
(Jorge Luis Borges)

Inhalt

Vorwort 9

Geschichte der Poesietherapie 10

Definition und Anwendung der Poesietherapie 17
   Definition der Poesietherapie 17
   Phasen des Schreibprozesses 19
   Anwendung der Poesietherapie 23
   Durchführung der Poesietherapie 23

Wirkungen der Poesietherapie 29

Schrift, Sprache, Stimme 36

Träume 40
   Polare Traumbereiche 44
   Luzides Träumen 50

Wahrnehmung, Sinn und Sinnlichkeit 54

Grundannahmen und Mythen 59

Kreativität und Spiel 62

Der schöpferische Mensch 65

Achtsamkeitsübungen 69
   Einleitung 69
   Übungsteil 71

Imaginationsübungen 81
   Einleitung 81
   Übungsteil 82

Schreibübungen	93
Einleitung	93
Übungsteil	94
Mal- und Schreibübungen	123
Einleitung	123
Übungsteil	125
Literatur	130

Vorwort

»Jeder Mensch verkörpert eine Silbe, ein einmaliges, unverwechselbares Gewächs aus Konsonanten und Vokalen, eine lebende Silbe, unterwegs zum Wort, zum Text.« *(Peter Sloterdijk)*

Dieses Buch ist ein Arbeitsbuch und basiert auf meinen praktischen Erfahrungen als Leiterin kreativer Schreibgruppen, Poesietherapeutin und Ärztin. Es dient als Handbuch für Leiter kreativer und therapeutischer Schreibgruppen, Poesietherapeuten, Psychotherapeuten und Heilpädagogen, überdies kann es in der Erwachsenenbildung, in der Sterbebegleitung und in Pflegeheimen eingesetzt werden, die poetische Selbstanalyse unterstützen und die kreative Kraft eines jeden Menschen fördern.

Der Fokus des Buches liegt auf praktischen Übungen, naturgemäß überwiegen Schreibübungen, aber ebenso viel Wert wurde auf Achtsamkeits- und Imaginationsübungen gelegt, die sich in der Praxis bewährt haben, da sie über eine verbesserte Wahrnehmung die Selbsterkenntnis, Reflexionsfähigkeit und achtsame Annäherung an sich und an die Welt fördern.

Es hat sich gezeigt, dass der Schreibende die Fähigkeit, sich seiner selbst und der Welt auf kreative Weise zu nähern, sich auszudrücken und zu präzisieren, nicht mit Beendigung des Seminars oder der Therapie verliert, sondern internalisiert, was ihm erlaubt, mit der begonnenen Arbeit selbstständig fortzufahren, wodurch die Poesie- oder Schreibtherapie nicht nur eine Hilfe für den Dialog zwischen Therapeut und Patient bietet, sondern gleichfalls eine Hilfe zur Selbsthilfe darstellt. Ebenso hat sich erwiesen, dass die kreative Kraft, die durch das Schreiben in Gang gesetzt wird, auch für andere Bereiche genutzt werden kann.

Geschichte der Poesietherapie

»Jedermann, der ehrlich, einigermaßen normal und ein guter Träumer ist, kann eine Selbstanalyse durchführen.« (Sigmund Freud)

Schreiben ist eine uralte Form der Kommunikation und reicht bis 500 v. Chr. zurück (zu dieser Zeit entstand am Portal des Tempel des Apollon die Inschrift *Erkenne dich selbst*). Die ersten archaischen Dichter waren die Götter, Zeus war der Vater der Musen, Mnemosyne die Mutter. Apollon, Vater des Asklepios, war nicht nur der Gott der Heilkunst, sondern zugleich der Gott der Dichtkunst, versehen mit dem Attribut der Schönheit, die damals mit dem Zustand der Gesundheit gleichgesetzt wurde. Von den Göttern übernahmen die Heroen die Kunst des Dichtens, aber auch sie brauchten göttlichen Beistand. Sowohl die Sprache als auch die Schrift haben eine lange Tradition in der Heilkunst; es gibt magische Formeln, Wahrsagungen, Trostsprüche, Psalmen, Loblieder und die Besprechung von Wunden. Die mythologische Poetik zeigt Dichten als ekstatische Heilkunst und magische Kraft.

Plato entwickelte eine philosophische Poetik, in der er den Dichter als dem Enthusiasmus verfallen bezeichnete. Aristoteles, ein Verfechter der normativen Poetik, beschrieb die Dichtkunst als eine Sache des Talents; seine Lehre fußte auf der durch das Drama bewirkten Katharsis, der befreienden und heilenden Wirkung durch das gesprochene Wort, wobei sich die Katharsis in seiner Vorstellung mehr auf den Rezipient als auf den Dichter bezog. Bis heute stellt sich die Frage, ob Dichten eher emotionale Ekstase oder rationales Kalkül zum Zweck der Katharsis ist. Horaz sprach sich für einen kalkulierenden Sprachinszenator aus und postulierte, dass das Wissen vom Menschen die Bedingung für vorbildhafte Dichtung und somit wichtiger als Enthusiasmus und Ekstase sei. Diese Frage beschäftigte in der Folge zahlreiche namhafte Denker und Dichter, unter ihnen Nietzsche, der in seiner Geburt der Tragödie dionysische und apollinische Dichtkunst nebeneinander stellte.

Philosophen widmeten sich dem Thema der Selbstanalyse, zu Beginn der Neuzeit vornehmlich Descartes, Kant, Hegel und Jaspers. Mit der Renaissance entfaltete sich neben der philosophischen Selbstreflexion das Genre des literarischen Tagebuchs, das neben einer Ereignischronik zunehmend zur Analyse von Tagesnöten und Träumen genutzt wurde. Die moderne Autobiographie lässt große Ähnlichkeiten mit den autobiographischen Schriften des heiligen Augustinus (»Bekenntnisse«) erkennen, die den Charakter der Beichte und Reflexion hatten. Die Gestaltung und Durcharbeitung belastenden Materials diente als Mittel der Erleichterung und Befreiung, als Möglichkeit, Geschehnisse aus größerer Distanz zu betrachten und zu einer neuen Sicht zu gelangen.

Zu Beginn des 19. Jahrhunderts griff der russische Arzt und Psychologe Wladimir Iljine den therapeutischen Aspekt der Sprache im Drama auf. Er initiierte ein therapeutisches Theater und schrieb für seine Patienten Rahmenstücke, die auf ihrer Biographie basierten. Als Fortsetzung ermunterte er die Patienten, eigene Stücke zu schreiben, um auf diese Weise intensive Gefühle zum Ausdruck zu bringen und Hemmungen abzubauen. Vermutlich erhielt er dafür Impulse von dem Psychologen Sándor Ferenczi, bei dem er selbst eine Psychoanalyse machte, und von Georg Groddeck, mit dem Ferenczi eine enge Freundschaft verband. Groddeck stellte fest, dass im Sprechen die Fälschung der Wahrheit verborgen sei, dass es zugleich aber Worte der Wahrheit und des Lebens gebe, die zur Befreiung und zur Heilung führen könnten.

Auf die befreiende und heilende Wirkung des Wortes baute auch Jakob L. Moreno, der in den 1930er Jahren den Begriff des Psychodramas prägte. Daneben bediente er sich eines Verfahrens, das er *Psychopoetry* nannte und das sich vor allem dadurch auszeichnete, aus dem Stegreif Verse zu bilden. Großen Wert legte er darauf, dass die gebildeten Verse keinen Sinn ergeben müssten und sprach von *Nonsense-Poetry*. Eine solche unsinnige Versbildung stehe dem Erleben näher als geformte Verse, so Moreno, da durch sie Gefühlskomplexe besser zum Ausdruck gebracht werden könnten als mit geformter Sprache. Noch heute hat das Psychodrama einen festen Platz innerhalb der Ausdruckstherapien und wird in zahlreichen Kliniken als Therapieform angeboten.

Das Werk Sigmund Freuds kann als Wendepunkt in der Geschichte des kreativen und therapeutischen Schreibens verstanden werden. Diente das Schreiben vor Freud in erster Linie zur Darstellung von Gefühlen und Erfahrungen, zielte es mit und nach Freud vor allem auf Selbsterkenntnis. Freud war ein Verfechter der Selbstanalyse, der freien Assoziation und Traumdeutung, die sich seiner Ansicht nach sowohl mit einem Gegenüber in mündlicher Form als auch alleine in schriftlicher Form durchführen lasse. Durch das Schreiben gelange der Dichter aus einer unbefriedigenden Welt in eine Welt der Phantasie und finde, durch kreative Textgestaltung, in die Realität zurück. Ähnlich wie in der Psychoanalyse komme es beim Schreiben zunächst zu einer Regression, bei der sich der Schreibende auf verborgene, innere Triebkräfte einlasse, was in der Folge zu einer graduellen Auflösung festgefügter innerer Strukturen führe und in einem Folgeschritt, der Progression, die sich durch sprachliche Überarbeitung und Formung begleiten und forcieren lasse, zu einer Integration der freigewordenen Kräfte in die Gesamtpersönlichkeit. Freud selbst führte systematisch Traumtagebuch. In Analogie dazu erklärte der Psychoanalytiker C. G. Jung, Zeitgenosse Freuds, dass der Dichter im Akt des Schreibens das Persönliche überwinde, und das Eintauchen in ein kollektives Unbewusstes ihm ermögliche, Archetypen zu gestalten. Der wohl bekannteste Fall einer Schreibtherapie im 19. Jahrhundert war Bertha Pappenheim, bekannt als Patientin Anna O., die bei Freuds Kollegen Josef Breuer in Behandlung war und die nach einer so genannten *Talking cure* eine poetische Selbstanalyse durchführte. Als Meister der poetischen Selbstanalyse erwies sich August Strindberg, der seine Gefühle mittels freier Assoziation und Imagination erforschte. Rainer M. Rilke bekannte in einem Brief, dass seine Schreibarbeit letztlich nichts anderes sei als Selbstanalyse, und Franz Kafka schrieb, dass sein Schreiben besser als jede Psychotherapie an den Ursachen seiner Neurosen rühre. Sowohl Rilke als auch Kafka lehnten, aus Sorge, ihre Schreibenergie zu verlieren, eine klassische Psychoanalyse ab.

Parallel zu der von Freud ins Schreiben transportierten Methode des freien Assoziierens, die noch heute eine wichtige Technik in der Poesietherapie darstellt, eröffneten die in dieser Zeit aufkeimenden Methoden des Expressionismus, Dadaismus und Surrealismus neue experimentelle und therapeutische Schreibmöglichkeiten. Das automatische Schreiben weist enge Verwandtschaft zum freien Assoziieren auf und basiert darauf, dass der Schreibende sich in einen möglichst passiven Zustand versetzt und unter Ausschaltung des inneren Zensors schreibt. Diese Art zu Schreiben wurde von den Surrealisten praktiziert, allen voran André Breton, der das surrealistische Manifest verfasste.

1903 erregte Daniel Paul Schreber großes Aufsehen mit dem automatischen Schreiben. Vierzehn Jahre lang war er Patient in einem Irrenhaus und konnte, nach Erscheinen seines Buches

»Denkwürdigkeiten eines Nervenkranken«, das er automatisch schreibend verfasste, für vier Jahre die Anstalt verlassen. Damit lieferte er ein eindrückliches Beispiel für die heilsame Kraft des Schreibens, die ihn seinen Wahn, bis auf das tägliche Anziehen von Frauenkleidern, vorübergehend überwinden ließ. Das automatische Schreiben der Surrealisten, die mythologische Imagination der Expressionisten und die Sprachexperimente der Dadaisten finden noch heute im kreativen und therapeutischen Schreiben Anwendung; zudem bedient es sich der Technik des analogen Gestaltens, bei dem zunächst der Text eines Dichters rezipiert und in der Folge imitiert wird. Das Schreiben eines formal ähnlichen Textes kann den Einstieg in den eigenen Text erleichtern. Das Spiel mit Worten und Rhythmen trägt zur Erweiterung der Sprachfähigkeit, Sprachinspiration und Ausdruckskompetenz bei.

In Europa verdankt die Poesietherapie ihren Aufschwung in erster Linie E. Pickworth Farrow, Klaus Thomas und Hilarion Petzold. Farrow, der in England geborene Biologe, litt selbst an einer durch den Ersten Weltkrieg verursachten Depression. Durch Jungs Assoziationsexperimente auf die Psychoanalyse aufmerksam geworden, begann er zunächst mit einer klassischen mündlichen Psychoanalyse, um sie als poetische Selbstanalyse fortzuführen. Aus seinen Berichten geht hervor, dass er sich mit Hilfe der freien Assoziation bis in seine früheste Kindheit arbeitete und auf die Ursachen seiner depressiven Neurose stieß. Thomas, der in Deutschland geborene Pfarrer, Arzt und Psychotherapeut, entwickelte aus seiner therapeutischen Arbeit mit akut suizidalen Patienten eine schriftliche Selbstanalyse für die Patienten, die er mit monatlichen Besprechungen begleitete. Für ihn standen Selbstanalyse und Selbsthypnose in engem Zusammenhang, seine therapeutische Arbeit stützte sich auf Techniken der amerikanischen Poesietherapeutin Karen Horney und des Hypnotherapeuten Coulten. Ebenfalls unter Berücksichtigung der amerikanischen Poesietherapie entwickelte Petzold am Fritz-Perls-Institut (FPI) der Europäischen Akademie für psychosoziale Gesundheit (EAG) ein Konzept für Poesie- und Bibliotherapeuten mit festgelegtem Ausbildungscurriculum, wodurch die Schreibtherapie in Deutschland ihre Professionalisierung und berufliche Institutionalisierung erlangte. Mit seinen Bemühungen unterstützte er die Bestrebungen, die Poesietherapie in Deutschland aus der Nischenexistenz in die psychosomatischen und psychiatrischen Kliniken zu holen. Ein weiterer Wegbereiter der Poesietherapie in Deutschland ist Lutz von Werder, unter dessen Leitung seit 1982 an der Fachhochschule für Sozialarbeit und Sozialpädagogik in Berlin das Projekt »Kreatives Schreiben an der FHSS Berlin« läuft, in dem zahlreiche Schreibgruppen sowie Schreibgruppensupervisionen durchgeführt werden. In der Folge erfuhr das kreative Schreiben sowohl an Universitäten als auch im außeruniversitären Bereich, wie beispielsweise an den Volkshochschulen, eine gewisse Breite. Unter den ersten deutschen Universitäten, die Schreibprojekte anboten, befanden sich Bonn, Bremen, Hannover und Hamburg. 1985 fand in Deutschland der erste Poesietherapiekongress statt.

In Amerika hat die Poesietherapie neben anderen expressiven Therapien wie Tanz-, Musik-, Gestalt- und Dramatherapie schon lange einen anerkannten Platz, es existiert ein eigener Berufsverband für Poesietherapeuten, und es finden jährlich zahlreiche Kongresse zur Poesietherapie statt. Wegbereiter der Poesietherapie waren in Amerika unter anderem Arthur Lerner, Jack J. Leedy und Gabriele L. Rico. Lerner wurde 1971 an einem neuropsychiatrischen Zentrum in Kalifornien als Poesietherapeut angestellt, wo er in seiner Arbeit mit psychisch Kranken zunächst die Bibliotherapie (Therapie mittels Lektüre) entwickelte und in der Folge zum therapeutischen Heilen durch Dichten und Schreiben kam. Während Lerner für die Poesietherapie das Gruppensetting bevorzugte, führte Leedy sie vorwiegend in Einzelsitzungen durch, wobei er mit seinen Patienten einen poesietherapeutischen Dialog entwickelte, in dem er sowohl eigene als auch fremde Poesie rezitieren ließ und die dabei freiwerdenden Emotionen für den therapeutischen Dialog nutzte. Zudem verfasste er selbst Poesie, die er den Patienten in den Sitzungen vortrug, um in der Folge mit ihnen über das Gelesene in Beziehung zu treten. Rico entwickelte die von ihr als natürliche Schreibtherapie bezeichnete Methode, deren Grundlage die Erkenntnis bildete, dass das Großhirn aus zwei unabhängig voneinander arbeitenden Hälften besteht, die durch einen Nervenstrang miteinander verbunden sind. Rico strebte eine Verbindung beider Hirnhälften an, um das Bewusstsein mit dem Unbewussten in Kontakt zu bringen. Als Verbindungsglied zwischen der linken, für das lineare logische Denken verantwortlichen und der rechten, für den Ausdruck von Gedanken und Gefühlen in komplexen Bildern zuständigen Gehirnhälfte, nutzte sie die freie Assoziation. Indem sie sich auf die Erkenntnisse der Neurochirurgie stützte, versuchte sie, den Vorwürfen der mangelnden Wissenschaftlichkeit, denen die Poesietherapie in Amerika zu dieser Zeit ausgesetzt war, entgegenzuwirken.

Definition und Anwendung der Poesietherapie

»Wer verrückt genug war, zur Welt zu kommen, sollte irgendwann begreifen, dass er reif ist für die Entbindung durch Poesie.« *(Peter Sloterdijk)*

Definition der Poesietherapie

Unter Poesietherapie kann jedes therapeutische oder selbstanalytische Verfahren verstanden werden, das durch Schreiben den subjektiven Zustand eines Individuums zu bessern versucht. Der Ausdruck Poesietherapie ist dem amerikanischen Begriff *poetry therapy* entlehnt, der von Leedy und Lerner geprägt wurde. Die Poesietherapie ist keiner klassischen Psychotherapieschule verpflichtet, sondern zählt wie die Musik-, Mal- und Gestalttherapien zu den expressiven und kreativen Therapien, die über Förderung der schöpferischen Potentiale, der Wahrnehmungs- und Erlebnisfähigkeit und der Einsicht in relevante lebensgeschichtliche Konflikte zur Heilung und Persönlichkeitsentwicklung beitragen. Sie nimmt unter den kreativen Therapien eine besondere Stellung ein, weil sie mittels der Sprache auf eines der ältesten therapeutischen Medien zurückgreift. Schreiben hat, durch den Aspekt der Selbsterforschung und Selbsterkenntnis, gleich wie es benannt wird, immer auch therapeutischen beziehungsweise selbsttherapeutischen Charakter und birgt, sowohl im Prozess, den es auslöst, als auch als Vorgang selbst, eine gewisse Nachhaltigkeit. Obwohl sich die Psychotherapie als sprechende Therapie versteht, ist die Beschäftigung mit der Heilkraft der Schrift im deutschsprachigen Raum noch in den Randbereichen zu suchen.

Neben dem Begriff der Poesietherapie finden sich in der Literatur vor allem die Begriffe Schreibtherapie, kreatives Schreiben, literarisches Schreiben, therapeutisches Schreiben und (auto-)biographisches Schreiben. Es gibt keine klaren Abgrenzungen, der kleinste gemeinsame Nenner ist das Schreiben, zuweilen werden die Begriffe synonym verwendet. Obwohl keine eindeutigen Kriterien zur Differenzierung existieren, soll der Versuch unternommen werden, einige Merkmale der jeweiligen Ansätze herauszuarbeiten. Das kreative Schreiben, *creative writing*, kann als Ursprung der neuen Schreibbewegung in Deutschland verstanden werden. Im Zentrum der so bezeichneten Seminare steht die sprachliche und literarische Entwicklung der Teilnehmer. Angewendet werden Methoden, die das kreative Erleben fördern, Erinnerungen und Erlebnisse freisetzen, diese sprachlich fassen und gestalterisch bearbeiten. Das kreative Schreiben wird zuweilen auch als literarisches Schreiben bezeichnet, was diese Bezeichnung insofern verdient, als sich an den Primärprozess des Schreibens, in dem es vor allem um den Selbstausdruck und die Selbstfindung geht, ein Sekundärprozess anschließt, in dem die erarbeiteten Texte in eine literarische Form gebracht werden. Im literarischen Schreiben geht es in erster Linie um literarische und ästhetische Qualität. Wird das Schreiben als Mittel zur Selbsterforschung und Selbstreflexion eingesetzt, ist in der Regel vom therapeutischen Schreiben, der Schreib- oder Poesietherapie die Rede. In den auf diese Weise bezeichneten Seminaren wird der Versuch unternommen, sich mittels Sprache auf den Weg zu sich selbst zu begeben. Durch das Schreiben wird ein therapeutischer Prozess in Gang gebracht, der mit therapeutischen Gesprächen begleitet wird. Mit dem therapeutischen Schreiben eng verwandt ist das autobiographische Schreiben, bei dem der Beschäftigung mit der Vergangenheit und Kindheit eine zentrale Bedeutung zukommt. Beim autobiographischen Schreiben liegt der Fokus auf Erlebnissen aus der Vergangenheit, den Assoziationen, die das Erinnern auslöst, und den Emotionen und Gedanken, die im Verlauf des Prozesses zutage treten. Das biographische Schreiben beschäftigt sich in erster Linie ebenfalls mit der Vergangenheit und kann sowohl therapeutisch genutzt werden als auch rein publizistische Zwecke verfolgen. Die Grenzen zwischen den einzelnen Schreibschulen sind fließend, auch kann sich der Fokus im Verlauf eines Seminars, je nach Entwicklung und Interesse der Teilnehmer, verschieben. Die Seminare und ihre Ausrichtung sind ebenso im Fluss wie die Gedanken, Gefühle und Texte der Teilnehmer.

Phasen des Schreibprozesses

Der Prozess des Schreibens unterliegt ähnlichen Gesetzmäßigkeiten wie der Kreativitätsprozess schlechthin. Man kann verschiedene Phasen unterscheiden, die unterschiedlich viel Zeit beanspruchen und nicht immer in derselben Reihenfolge ablaufen, deren Beobachtung aber Anhaltspunkte dafür liefert, was während des Schreibprozesses passiert. Die Bezeichnung der Phasen im Schreibprozess stimmt mit denen in der Kreativitätsforschung gebräuchlichen weitgehend überein. Im kreativen wie im therapeutischen Schreiben sammelt der Schreibende in einer so genannten Inspirationsphase zunächst Informationen, die entweder aus der eigenen Seele oder der Umwelt stammen, und notiert diese oder behält sie im Gedächtnis. In der zweiten Phase, der Inkubationsphase, wird mit dem gewonnenen Material gedanklich oder schriftlich gespielt, es erfährt eine Erweiterung und Verdichtung, Teile werden verworfen. Diese ersten beiden Phasen leben von der Unvoreingenommenheit des Schreibenden seinem Material gegenüber; durch eine wertfreie Haltung wird dieser gleichsam in einen kindlichen Zustand versetzt, in dem er nicht länger angehalten ist, eine bestimmte Leistung zu erbringen oder etwas zu schaffen, das vorzeigbar ist. Der Anspruch, dass das Geschriebene einen Sinn ergeben muss, wird fallengelassen, das Geschriebene muss nicht den Regeln der Rechtschreibreform folgen, sondern wird als Rohmaterial betrachtet. Nach einer ausreichend spielerischen Beschäftigung mit dem in den ersten beiden Phasen gewonnenen Material kommt es irgendwann zu einer neuen Erkenntnis oder der vorläufigen Lösung eines Problems; zunächst scheinbar nicht zusammenhängende Gedanken und Gefühle verbinden sich, der Schreibende erhält eine Idee, was er mit dem gesammelten Material anfangen kann. Diese Phase, die einer Erleuchtung gleichkommt, wird als Illuminationsphase bezeichnet. In der vierten und letzten Phase, der Verifikationsphase, setzt der Sekundärprozess ein. Es erfolgt die Überprüfung des Wissens, der Schreibende verifiziert seine Einfälle, die Texte werden aus- und umgearbeitet.

Der kreative Prozess kann in Analogie zum therapeutischen Prozess verstanden werden. Die Inspiration im Künstlerischen entspräche dem Erinnern in der Therapie, die Phase der Inkubation könnte mit der des Wiederholens gleichgesetzt werden, die Illumination entspräche der Durcharbeitung, die Verifikation der Integration. Sowohl der kreative als auch der therapeutische Prozess zielen auf eine Restitution des Ich auf der Basis eines erweiterten Dialogs mit dem Unbewussten.

Betrachtet man die Phasen des kreativen und therapeutischen Prozesses, ist es hilfreich, sich das Gehirn mit den beiden Hemisphären zu vergegenwärtigen. In der generativen Phase der Inspiration, in der intuitiv neue Ideen gebildet werden, ist vor allem die rechte, bildlich arbeitende Hemisphäre aktiv, während die linke Hemisphäre, die zur logischen Zergliederung, Kritik und Zensur neigt, im gelungenen Fall in den Hintergrund tritt, um das Entstehen der Bilder nicht durch analytische Gedankengänge zu behindern. In der Schreibphase dominiert das ordnende, begriffliche Denken der linken Hemisphäre, während die rechte Hemisphäre vermindert aktiv ist. Durch das Wechselspiel beider Hemisphären werden Visionen und Bilder zu einem Ganzen geordnet. In der letzten Phase, in der die Texte überarbeitet und auf Wortwahl, Gliederung und Stimmigkeit geprüft werden, gewinnt die linke Hemisphäre die Oberhand. Schöpferische Tätigkeit ist nur durch ein Wechselspiel beider Hemisphären möglich. Im Bewusstsein um die Notwendigkeit der Kooperation beider Hemisphären lässt sich in der Poesietherapie, mittels Sprachspielen und Imagination, das Wechselspiel beider Gehirnhälften fördern.

Es versteht sich, dass es sich beim beschriebenen Modell um eine stark reduzierte und damit simplifizierte Annahme handelt, die allerdings in ihren groben Zügen nach wie vor Gültigkeit besitzt. Denn obwohl man in den Neurowissenschaften seit längerer Zeit intensiv die Entstehung von Kreativität erforscht, kann bisher keine eindeutige Aussage getroffen werden, was im Gehirn während eines kreativen Prozesses abläuft, sondern es können immer nur Annäherungen erfolgen. So fanden beispielsweise amerikanische Neurowissenschaftler heraus, dass Menschen mit Verletzungen in der rechten Gehirnhälfte die Fähigkeit verlieren, Witze, Metaphern und ironische Bemerkungen zu verstehen, deren Grundlage unter anderem auf der Fähigkeit zu kreativen Querverbindungen beruht.

Die Annahme, dass die rechte Gehirnhälfte für den kreativen Prozess wichtig ist, wurde auf andere Weise durch ein weiteres Experiment an der Universität von Kalifornien bestätigt. Dort stellte man Studierende vor ein Problem, das nur durch die abstrakte Verknüpfung offensichtlich zusammenhangsloser Elemente lösbar war. Alle Studierenden erhielten einen schriftlichen Tipp, den die eine Hälfte mit dem linken Auge lesen musste, das anatomisch mit der rechten Gehirnhälfte verbunden ist, während die andere Hälfte den Tipp mit dem rechten Auge las. Die Studierenden, die den Tipp mit dem linken Auge gelesen hatten, erreichten eine höhere kreative Leistung, woraus die Untersucher schlussfolgerten, dass die rechte Gehirnhälfte besser in der Lage war, die unabhängigen Elemente miteinander in Beziehung zu setzen, um eine kreative Lösung zu finden (Lehrer, 2012).

Das Geheimnis der Kreativität auf neurowissenschaftlicher Ebene zu lüften, stellt sich als Herkulesaufgabe heraus, zumal eine einzige Nervenzelle 10 000 andere Nervenzellen erregt oder hemmt; eine Komplexität, die selbst mit Hochleistungsrechnern nur schwer nachvollziehbar wäre. Und auch nach dem Tod lässt sich das Gehirn kreativer Menschen nicht dahingehend untersuchen, dass man dem Geheimnis auf die Spur kommen könnte, da man das Gehirn dann zwar eingehend feingeweblich analysieren, die beteiligten Botenstoffe aber nicht mehr erfassen kann. Eine wichtige Rolle spielt sicher auch der Hippocampus, der neue Einzelheiten lernt und unvollständige anhand gespeicherter Informationen ergänzt.

Eine große Relevanz in Hinblick auf die Ausbildung von Kreativität hat sicherlich die Kindheit: Der Mensch wird mit einer Fülle an Verbindungen zwischen den Nervenzellen geboren, sehr viel mehr als er brauchen und nutzen kann. Bis zur Pubertät werden die Verbindungen festgelegt und eingegrenzt: Verbindungen, die genutzt werden, bleiben bestehen, andere werden abgeschaltet. Das impliziert, dass Menschen mit einer breiten Palette an Erfahrungen in der Regel auf ein größeres Reservoir an Nervenverbindungen zurückgreifen können, was einen die Kreativität begünstigenden Faktor darstellt.

Der Kreativitätsforscher Mihály Csíkszentmihályi versteht Kreativität als Ausdruck eines komplexen Systems. Für ihn vereinen kreative Personen widersprüchliche Extreme, bilden eine individuelle Vielheit und verfügen über eine gute Balance zwischen Phantasie und Realitätssinn. Sie denken konvergierend und divergierend, was ihnen eine große Flexibilität und Originalität ermöglicht.

Anwendung der Poesietherapie

Im Prinzip steht die Möglichkeit der Poesietherapie jedem Menschen offen, der aus Buchstaben Wörter bilden kann, die Grundregeln des Satzbaus beherrscht, in der Lage ist, einen Brief zu schreiben oder sich Notizen zu machen, sprechen kann und versteht, was andere sagen. Es bedarf keiner besonderen literarischen Fähigkeiten und keiner speziellen Grammatikkenntnisse; vielmehr ist in jedem Menschen ein sprachliches Ausdrucksvermögen vorhanden, das es ermöglicht, Gedanken und Gefühle in Worten auszudrücken. Zuweilen kann diese sprachliche Kompetenz blockiert sein, was jedoch nicht gegen, sondern vielmehr für die Poesietherapie spricht, da sich durch die spielerische Beschäftigung mit Sprache Blockaden lösen lassen. Der Anwendungsbereich der Poesietherapie erstreckt sich von psychiatrischen, neurotischen und somatischen Krankheiten über Krisen in belastenden Lebenssituationen bis zur Vorbeugung und Psychohygiene.

Durchführung der Poesietherapie

Die Poesietherapie kann ambulant oder stationär, einzeln oder in Gruppen, mit oder ohne Anleitung durchgeführt werden. Allerdings ist der Gedankenaustausch mit anderen ein wichtiger Bestandteil der schreibenden Selbstreflexion, der unter anderem der Orientierung in der Welt und der Relativierung eigener Gedanken, Ideen und Ansichten dient. Mit Gedanken und Gefühlen in Kommunikation zu treten, ermöglicht die Entwicklung eines eigenen Standpunktes und dessen Formulierung und Prüfung. Gruppenteilnehmer und Leiter fungieren als Spiegel und Korrektiv. In der schriftlichen Selbstanalyse kann diese Funktion von einem späteren oder imaginierten Leser beziehungsweise Therapeuten übernommen werden.

Poesietherapie als Gruppentherapie
In einer Poesietherapiegruppe wirken ähnliche Faktoren, wie sie es in jeder Gruppentherapie in verschiedener Intensität und Kombination gibt. Das Prinzip der Hoffnung, das für jede Therapie unabdingbar ist, kommt besonders in offenen Gruppen zum Tragen, wenn neue Teilnehmer bei den Anderen Entwicklungen und Veränderungen beobachten, die sie sich selbst wünschen. Zum Prinzip der Hoffnung gehört ebenfalls, dass der Gruppenleiter von der Wirksamkeit der Therapie überzeugt ist und dies den Teilnehmern glaubhaft vermitteln kann. Ein weiterer Wirkfaktor liegt in der Allgemeinheit menschlicher Probleme; obgleich jedes Leiden individuell ist, gibt es Parallelen, die Identifikation, Kommunikation und Empathie ermöglichen. Es ist heilsam, mit Gefühlen und Problemen nicht alleine zu sein; das Gefühl der Gemeinsamkeit und Zugehörigkeit wirkt der Isolation entgegen, mit der zahlreiche psychische Leiden verbunden sind. Die Erfahrung, dass andere Menschen verstehen, was das Leiden verursacht und für den Einzelnen bedeutet, kann tröstlich und beruhigend wirken und das Gefühl von Annahme und Akzeptanz vermitteln. Ähnlichkeiten tragen zur Spannungsreduktion und Entlastung bei. Ein weiterer heilsamer Faktor ist die Erkenntnis, dass die Gruppenteilnehmer einander Wertvolles zu bieten und mitzuteilen

haben und voneinander lernen können, was das Gefühl der Wertlosigkeit relativiert. Die Teilnehmer lernen zuzuhören und sich zu unterstützen, was seinen Ausdruck darin findet, dass Teilnehmer sich anbieten, die Texte anderer zu lesen, wenn diese sich außer Stande fühlen, selbst zu lesen. Durch Nachahmung kommt es zum Lernen, sei es, dass Teilnehmer durch das Schreiben anderer in den eigenen Schreibfluss finden oder sich durch das Vortragen zum Lesen ermutigt fühlen. Positiv kann sich auch das Ritual der Zusammenkünfte auswirken, das Verlesen und Diskutieren der Texte, das immer unter dem Vorsatz wechselseitigen Respekts und gegenseitiger Empathie stattfinden sollte. Die Gruppe kann bei der Arbeit am Text helfen, animieren, spiegeln und Raum für Reflexion bieten. Das Schreiben in der Gruppe kann zudem zwei scheinbar widersprüchliche Bedürfnisse befriedigen, seelische und geistige Freiheit im schriftlichen Ausdruck auf der einen und das Gefühl der Geborgenheit in einer vertrauensvollen Atmosphäre auf der anderen Seite. Damit in einer Gruppe Offenheit, Vertrauen und eine empathische Atmosphäre entstehen können, bedarf es einiger Regeln, die zu Beginn der Gruppentherapie benannt werden sollten. Dazu gehören Schweigepflicht, Respekt, Wohlwollen, eine nicht wertende Haltung und die Bereitschaft zuzuhören und sich einzulassen. Auf die Einhaltung dieser Regeln haben sowohl der Gruppenleiter als auch die Teilnehmer zu achten.

Poesietherapie als Einzeltherapie
Sollte das Schreiben in der Gruppe aus medizinischen oder psychischen Gründen, beispielsweise bei Menschen mit sozialen Ängsten oder Phobien, nicht möglich oder nicht erwünscht sein, so kann zunächst eine Einzeltherapie durchgeführt werden, die zu einem späteren Zeitpunkt zur Teilnahme an einer Gruppe befähigen kann. Der amerikanische Poesietherapeut Leedy favorisierte generell die Einzeltherapie, wie er überhaupt dazu tendierte, das

Schreiben in die Psychotherapie zu integrieren, weil er die Ansicht vertrat, dass sich stark emotionalisierte Themen besser im Schreiben als im direkten Dialog ausdrücken ließen und die Poesietherapie einen höheren Grad von emotionaler Einsicht vermittele als der konventionelle therapeutische Dialog.

Poesietherapie als Selbstanalyse
Die Poesietherapie lässt sich auch als poetische Selbstanalyse durchführen, sei es primär oder als Fortsetzung einer geleiteten Einzel- oder Gruppentherapie. Zahlreiche Schriftsteller, wie Anaïs Nin, Sylvia Plath, Virginia Woolf, Christa Wolf und Franz Kafka führten eine poetische Selbstanalyse durch. Molly Harrower favorisiert diese Variante in ihrem Buch *The Therapy of Poetry*, in dem sie das Verfassen von Poesie als zum normalen seelischen Wachstum zugehörig beschreibt und postuliert, dass sich in den Textproduktionen die Stufen der Entwicklung des poetischen Selbst darstellen. Der Schriftsteller Peter Handke schrieb der Literatur die Wirkung zu, sich über sich selbst, wenn nicht klar, so doch *klarer* zu werden, und Gert Jonke sah seine Literatur als Hilfe für die immense Ratlosigkeit seiner eigenen Existenz gegenüber.

Poesietherapie mit älteren Menschen
Geht man davon aus, dass Schreiben Kommunikation bedeutet und zu Kontakt führt, bietet sich die Poesietherapie gerade für ältere Menschen an, bei denen oft ein Mangel an Gesprächsmöglichkeiten besteht. Ältere Menschen leben meist alleine oder in Heimen, in denen, aus Mangel an Gelegenheiten, Gedanken und Gefühle zurückstehen, so dass die Menschen zuweilen in einen Dialog mit sich selbst treten oder verstummen. Mittels der Poesietherapie soll der Dialog mit anderen wieder belebt und gepflegt werden. Auf dem Papier eröffnet sich die Möglichkeit des Ausdrucks und des

Sprechens in der eigenen Geschwindigkeit. Besonders in Altenheimen oder Wohngemeinschaften älterer Menschen empfiehlt sich die Gruppenarbeit, in der jeder Teilnehmer die Möglichkeit erhält, das Geschriebene zu lesen und darüber in Kommunikation zu treten. Meist geht der Effekt der Gruppenarbeit über die Arbeit in der Gruppe hinaus und führt auch im Alltag zu einem lebendigeren Miteinander. Der Dialog ist in Gang gekommen, es kommt zu Gemeinsamkeiten und einem tieferen Verständnis untereinander, Ängste, Sorgen, Wünsche und Sehnsüchte lassen sich teilen. Sollte das eigene Schreiben aus physischen Gründen nicht möglich sein, kann der Therapeut dem Betreuten seine Ohren und seine Hand leihen und notieren, was dieser ihm erzählt. Diese Funktion kann ebenso gut von einem Familienmitglied übernommen werden, was verloren geglaubte Beziehungen aufleben lassen, den Kontakt zu Familienmitgliedern intensivieren und die letzte Lebensphase bereichern kann. Gerade in der Arbeit mit älteren Menschen ist es wichtig, die Impulse der Teilnehmer aufzugreifen und mit den Themen zu arbeiten, die in die Gruppe eingebracht werden, was zu einer Aktivierung und Ausschöpfung der Ressourcen der Teilnehmer beitragen kann. Bewährt hat sich auch die Arbeit mit Fotografien, welche die Erinnerungen der Betroffenen oft stärker aktivieren als das gesprochene Wort allein.

Poesietherapie in der Sterbebegleitung
Die Poesietherapie kann helfen, mit der Grenzsituation des Todes besser umzugehen, sich den Ängsten, den Sinnfragen des Lebens und den Fragen nach dem Tod anzunähern. Die Texte schwerkranker und sterbender Menschen bilden oft Verdichtungen des vergangenen Lebens und ermöglichen eine Art Lebensbilanz. Vielfach besteht auch das Bedürfnis, Angehörigen etwas aus dem eigenen Leben zu hinterlassen, Familiengeschichte zu überliefern

und Wissen weiterzugeben. In Afrika wurde ein Schreibprojekt ins Leben gerufen, in dem Mütter mit dem Vollbild Aids für ihre Töchter *memory-books* anfertigen, in denen sie Familiengeschichte und Traditionen überliefern. Diese Arbeit entlastet die sterbenden, oft jungen Mütter, weil sie auf diese Weise Wissen an die nächste Generation weitergeben und ihre Töchter über den frühen Tod hinaus begleiten können.

Poesietherapie bei somatischen Krankheiten
Die Poesietherapie hat sich, wie zahlreiche amerikanische Studien für Erkrankungen aus dem rheumatischen Formenkreis oder das Asthma bronchiale belegen, auch bei somatischen Krankheiten bewährt. Bei der Diagnose Krebs kommt die Poesietherapie ebenfalls häufig zum Einsatz. Eine Krebserkrankung kommt fast immer plötzlich und unerwartet, und die Betroffenen erfahren eine existentielle Bedrohung; sie können sich auf ihren Körper nicht mehr verlassen, Ängste und Gedanken an den Tod treten zutage, die Betroffenen sind gezwungen, ihr gewohntes Leben umzustellen und eine neue Selbstorganisation zu erlangen. Eine emotionale Verarbeitung erleichtert den Umgang mit Ängsten und negativen Gedanken. In der Poesietherapie wird versucht, die Sprache der Symptome und des Körpers zu verstehen, Unbewusstes zuzulassen und Neues zu schaffen. Das Schreiben bietet einen geschützten Raum, in dem Wissen und Wahrnehmung erworben werden können. Betroffene können dazu angeregt werden, nicht ausschließlich auf den Tod zu warten, sondern im Hier und Jetzt zu leben, indem sie die Aufmerksamkeit verstärkt auf den Lebensinhalt richten und nicht auf die Lebensdauer. Grundlage dafür kann die kreative und schöpferische Schreibarbeit sein, die im gelungenen Fall eine Wandlung bewirken und eine Heilung im ganzheitlichen Sinn einleiten und unterstützen kann.

Wirkungen der Poesietherapie

»*Unbewusstes braucht das Licht des Bewusstseins. Bewusstheit braucht die Energie des Unbewussten. Schreiben erlaubt diesen Austausch.*«
(Marion Goodman)

Der Versuch einer Annäherung an innerpsychische Vorgänge und die damit verbundenen Wirkungen der Poesietherapie kann nur exemplarischen Charakter haben. Bei jedem Menschen laufen ganz individuelle psychische Prozesse ab, die sich in ihrer Komplexität und Gesamtheit weder ausreichend fassen noch beschreiben lassen. Dennoch sind einige Punkte in verschiedener Intensität und Reihenfolge immer wieder zu beobachten oder zu vermuten.

Eine durch das Schreiben veränderte Sprach- und Ausdruckskompetenz führt von einer routinierten Wahrnehmung zu einem neuen, erweiterten Blick. Poesietherapie wirkt einer Entfremdung von Wort und Körper, einer Abspaltung der Sprache vom Leben entgegen. Sprache, Körper und Handlung haben ein Näheverhältnis. Sprache entsteht im Körper und nutzt ihn zum Ausdruck. Sprache ist sinnlich, haptisch und rhythmisch und aktiviert Körper und Geist. Die poetisch verdichtete Sprache stellt, im Unterschied zu der oft verzerrenden oder inhaltsleeren Alltagssprache, die Vielfalt der Lebenswelt dar. Schöpferische Sprache ist, wie der Mensch selbst in seiner stetigen Entwicklung, im Fluss.

Die durch den kreativen Akt geförderte Kooperation der linken, rationalen mit der rechten, emotionalen Hemisphäre, wobei die Verbindung beider Hemisphären in der Poesietherapie wie in der klassischen Psychoanalyse durch die freie Assoziation angeregt werden kann, vermag die Nutzung der Gehirnkapazität zu steigern.

Wird im Akt des Schreibens der linken ein Zugang zu den besonderen Fähigkeiten der rechten Hemisphäre gewährt, die sich in der Empfänglichkeit für Ganzheitlichkeit und Bildhaftigkeit offenbaren, eröffnet sich die Möglichkeit, den rhythmischen Fluss der Sprache zu finden und kreativ zu nutzen. Probleme lassen sich oft schneller und einfacher lösen, wenn sowohl die linke Hemisphäre, die Sequenzen und logische Reihen erstellt, als auch die rechte Hemisphäre, die unter dem Aspekt der Verbundenheit von Dingen und Ereignissen arbeitet, gleichzeitig aktiviert werden. Auf diese Weise ergeben sich neue Denkmuster und Lösungsansätze.

Der Schreibende erlaubt sich, mit dem Schreiben anzufangen, ohne zu wissen, wo es hinführt, ohne den Anspruch eines gelungenen ersten Satzes. Der innere Zensor wird ausgeschaltet, der Schreibende versetzt sich in einen Zustand des Staunens, der Bereitschaft für Neues. Assoziatives und automatisches Schreiben, *Nonsense-Poetry* und *Cluster (Brainstorming)* vermögen Tagträume, Bilder und Gefühle in die Texte zu transportieren. Der Leistungsaspekt tritt in den Hintergrund, eine neue Achtsamkeit gewinnt Raum. Schreiben ist hier ein ernsthaftes Spiel mit Worten, dem Zwang entledigt, zweckorientiert und zielgerichtet zu sein. Der Schreibende ist nicht länger angehalten, eine bestimmte Leistung zu erbringen oder etwas zu schaffen, das vorzeigbar ist, sondern das Geschriebene dient nur dem Schreibenden selbst. Es muss keiner von der Rechtschreibreform vorgegebenen Grammatik und Orthographie folgen. Schreiben als leistungsfreie Zone ermöglicht es dem Menschen, er selbst zu sein und sich in allen Bereichen zu erforschen, Ängste, Sorgen, Sehnsüchte und Wünsche zu benennen, eine eigene Welt zu entwerfen und zu beleben.

Schreiben ist eine spezielle Form der Kommunikation abseits der konventionellen Verständigungsform der Sprache, so dass es im gelungenen Fall Ausdruck für Situationen verleihen kann, die sprachlos machen und in denen mündliche Kommunikation nicht mehr funktioniert. Durch Überschreitung verbaler Kommunikationsgrenzen und einer spielerischen Haltung, die phantastische Imagination erlaubt, werden Gefühle, Gedanken und Erinnerungen geweckt. Schreiben erfolgt in der Regel langsamer als Denken; im Akt des Schreibens kommt es zur Verlangsamung, zum Innehalten und zur Selbstbesinnung. Mit zunehmender Erfahrung wächst das Vertrauen, dass wichtige Themen und Erkenntnisse nicht verloren gehen, sondern wiederkehren. Nur in einem Raum, in dem prinzipiell Langeweile möglich ist, in einem freien, intentionslosen Raum, besteht die Möglichkeit, Neues zu kreieren.

Wie jede kreative Tätigkeit lebt auch das Schreiben von einer positiven Haltung sich selbst und dem Schreiben gegenüber. Jeder schreibt täglich, Einkaufslisten, Notizen, Briefe und anderes. Diese Voraussetzungen reichen für die Poesietherapie. Der Anspruch, literarische Qualität zu produzieren, wird fallengelassen. Es gibt keine Fehler, kein Versagen. Die Fähigkeit, sich Neues anzueignen, existiert bis zum Tod und wird im Schreiben aktiviert. Schreiben öffnet einen Raum sensibler Wahrnehmung, scheinbar Banales erhält Aufmerksamkeit und wird zu etwas Besonderem. Bilder und Phantasien generieren Erinnerungen und Gefühle, Achtsamkeit wird zu einem wichtigen Instrument zur Erfassung des Selbst und der Welt. Es ermöglicht Selbstreflexion, Selbsterkenntnis, Selbstfindung und Selbstverwirklichung. Es folgt dem griechischen Motto: *Erkenne dich selbst und werde, der du bist*. Sich selbst zu verstehen, sich als denkendes, empfindendes und handelndes Wesen in Beziehung zu sich, den Mitmenschen und der Welt zu setzen, ist eine existenti-elle Herausforderung, der im Schreiben begegnet werden kann.

Schreiben kann zum Ordnen und Formen von Gedanken, Gefühlen und Ideen beitragen, so dass eine zunächst diffuse, verwirrende Masse ein Minimum an Struktur annimmt und zuvor disparate Gedanken sich durch den Prozess des Schreibens zu einem einheitlichen Ganzen verbinden und verdichten, so dass sie für den Schreibenden einen Sinn ergeben und ihm eine Richtung aufzeigen, in der er weiter forschen und gehen kann, auf einem Weg der Selbsterkenntnis und des inneren Wachstums.

Der kreative Akt steht in engem Zusammenhang mit dem Unbewussten, wobei im Prozess des Schaffens, also der Arbeit am Kunstwerk und der eigenen Person, eine Bewegung von der Oberfläche des Bewusstseins zum komplexen Unbewussten und zurück stattfindet. Ausgehend von der Annahme einer Kooperation von Unbewusstem und Bewusstem, einer Verstärkung der Ich-Tendenzen durch Es-Energien und einem gleichzeitigen Zurücktreten des zensierenden Über-Ich, können verdrängte Inhalte im Schreiben verfügbar gemacht werden und nach schriftlicher Veräußerung aus der mit dem Schreiben gewonnenen Distanz mit größerer Objektivität betrachtet werden. Durch das Schreiben kommt es zum produktiven Austausch zwischen Bewusstem und Unbewusstem, wodurch im gelungenen Fall am Ende des Prozesses ein poetisches Selbst sichtbar wird und hervortreten kann. Freud postulierte, dass der Dichter durch das Schreiben aus einer unbefriedigenden Welt in eine Welt der Phantasie gelange und durch kreative Textgestaltung in die Realität zurückfinde. Wie der psychoanalytische Prozess führe auch das Schreiben über eine Phase der Destabilisierung zu einer sinnvollen neuen Synthese. Durch diesen Integrationsprozess kann das Kunstwerk als reparative Arbeit verstanden werden, bei der unbewusste Erinnerungen in die innere Welt integriert werden, was zur symbolischen Wiedererschaffung einer verlorenen Welt führt. Wie die Psychoanalyse bietet das Schreiben die Chance, die eigene Lebensgeschichte zu verstehen und so umzuschreiben, dass sie sich mit der aktuellen Lebenserfahrung stimmig zu einem akzeptablen Lebensroman fügt, der persönliche Kontinuität und ein Gefühl der Identität ermöglicht.

Überdies kann die kreative Eigentätigkeit des Schreibens helfen, ein autonomes Selbstwertgefühl zu wecken und psychische Leistungen über ästhetische Stimulation wieder aufzubauen. Durch künstlerische Tätigkeit kann es gelingen, Krisen produktiv zu nutzen. Der schreibende Mensch ist nicht länger passiver Rezipient von Ratschlägen und Deutungen, sondern produziert etwas, auf das er stolz sein kann und was in der Folge die Kompetenz, die eigene Person und den eigenen Weg betreffend, stärkt. Kunst und Therapie verfolgen als gemeinsames Ziel die Befähigung zum eigenen, individuellen Leben, wobei das Schreiben Mut macht, den Weg zu finden, und Therapie untersucht, ob dieser Weg gehbar ist. Es entsteht ein neues Selbstbewusstsein, der Schreibende wird sich zunehmend seiner Selbst bewusst, erkennt Stärken und Schwächen, Vorlieben und Abneigungen und integriert sie. Die differenzierte Selbstwahrnehmung ist ein entscheidender Schritt zur radikalen Akzeptanz der eigenen Person, die der Schreibende im Schreiben als eigene entdeckt.

Weitere wichtige Aspekte der Poesietherapie sind Reflexion und Distanzierung. Bereits mit dem Vorsatz zu schreiben setzt die Reflexion ein, dergestalt, dass der Schreibende überlegt, was er notieren will und in welcher Form. Mit diesem ersten Akt reflektiert er über das vorhandene Material, das er in seinem Inneren bewahrt, er ordnet und selektiert es und wählt dann aus der Fülle von Gedanken und Gefühlen einige aus, mit denen er sich in der Folge intensiver beschäftigen will. Gefühle und Gedanken werden dabei so lange im Inneren bewahrt, bis sie greifbar und plastisch genug sind, um in Worte gefasst zu werden. Im Augenblick des Schreibens stellen sich zu dem Geschriebenen weitere Gedanken und Gefühle ein, die eine Veränderung des Bewusstseins bewirken und verschiedene Sicht- und Haltungsweisen zu dem Geschriebenen generieren. Beim Lesen des entstandenen Textes verändert sich das Verhältnis des Schreibenden und Lesenden zu seinem Text, seinen Gedanken und Gefühlen ein weiteres Mal, und mit jedem Lesen kommt es zur Distanzierung gegenüber den eigenen Gedanken und Gefühlen, was noch forciert werden kann, indem ein Dritter den Text liest, so dass der Schreibende vom Verfasser zum Zuhörer des eigenen Textes wird und ihm damit wie ein Fremder und nicht wie der Produzent gegenübertreten kann. Das Papier bietet einen Schutzraum, in dem Probedenken und Probehandeln möglich sind, so dass schriftlich Versuche unternommen werden können, die im Handeln vorerst vielleicht unmöglich wären. Schreiben kann als eine Reise an Orte verführerischer, aufständischer Wünsche verstanden werden, als eine Reise, auf die sich der Schreibende suchend und neugierig einlässt, um Grenzen zu erfahren und diese zu überschreiten, schreibend und handelnd.

Die Poesietherapie eröffnet die Möglichkeit, am Ende der Therapie ein fassbares Ergebnis mitzunehmen, einen Text, der so oft gelesen, überarbeitet und fortgeführt werden kann, wie es dem Schreibenden einfällt. Die Poesietherapie und die aus ihr hervorgegangenen Texte stellen einen konkreten und zuverlässigen Begleiter dar. Schreiben vermittelt ein Gefühl der Selbstkontrolle und bildet somit ein Gegengewicht zu den Gefühlen der Ohnmacht und Resignation, mit dem zahlreiche psychische Leiden einhergehen. Der schreibende Mensch erlebt, dass er Macht über die eigene Person und Geschichte hat; das Gefühl, eine Wahl zu haben, bleibt in der Regel nicht auf die Phantasie und das Papier beschränkt, sondern weckt oft neue Lebensgeister und den Wunsch, das Gedachte, Phantasierte und Geschriebene auf seine Alltagstauglichkeit hin zu überprüfen.

Poesietherapie geht davon aus, dass der Mensch, der bis zu diesem Tag überlebt hat, über genügend Bewältigungsstrategien, innere Weisheit und Selbstheilungskräfte verfügt, die ihm das Weiterleben, trotz aller Schwierigkeiten und Probleme, ermöglicht haben, und zielt in einem zweiten Schritt auf eine Aktivierung dieser Kräfte und Energien ab, wodurch die Poesietherapie eine Aktivierung menschlicher Lebensgeister in ihrer anspruchsvollsten Form bewerkstelligt. Die in der Poesietherapie gewonnene oder wiederentdeckte Fähigkeit, sich kreativ auszudrücken, geht mit Beendigung der Therapie nicht verloren, sondern wird internalisiert, so dass sich der Schreibende die Fähigkeit, sich gestalterisch auszudrücken und seine inneren Bilder in Sprache zu übersetzen, auch nach der Therapie zunutze machen kann. Schreiben wie das Atmen stehen dem Menschen kostenfrei und unbegrenzt, jederzeit und überall zur Verfügung, und beides sind Fähigkeiten, die angeboren sind oder früh erworben werden und somit Ressourcen darstellen, die sich nutzen lassen, ohne erst neu erlernt werden zu müssen.

Es soll an dieser Stelle gesagt sein, dass Sprache selbstverständlich nicht nur heilendes, sondern auch zerstörerisches Potential hat und Worte verletzen können. Es gibt Worte, Sätze und Mythen, die sich in der Kindheit fest eingeprägt haben und bis in die Gegenwart reichen, und es gibt Menschen, die wund geschwiegen wurden, es gibt das Leiden an den falschen Worten, das Gefühl des Erstickens am Schwall leerer Worthülsen und das Leiden an der Sprachlosigkeit. Da es in diesem Buch aber um Therapie und Heilung geht, soll auf diesen Umstand nicht näher eingegangen werden. Indirekt ist das negative Potential allerdings enthalten, insbesondere wenn von einer reparativen Arbeit und einem heilenden Integrationsprozess die Rede ist, dem Verletzung vorausging.

Schrift, Sprache, Stimme

>*»Der Schall erweist sich als eine der wichtigsten Reizquellen für unser Gehirn, als einer der Faktoren, denen wir unsere geistige Regsamkeit verdanken. Stimmliche Laute hallen unmittelbar in Schädel, Brustkasten und Körper wider. Die von uns selbst hervorgerufenen Resonanzen wecken frische Kräfte in Gehirn und Körper.«* (Joseph Pearce)

Vor Entwicklung der Schrift war Jahrtausende lang die mündliche Überlieferung von wesentlichen Inhalten üblich; weltweit wurden Informationen und Wissen mündlich weitergegeben, und noch heute existieren Kulturen, wie die der Aborigines in Australien, in denen die sprachliche Überlieferung von Traditionen die Regel ist. Die wörtliche Wiedergabe an nachfolgende Generationen trug zum einen dazu bei, Kultur und Werte einer Gesellschaft zu bewahren, und charakterisierte zum anderen, durch die spezifische Erzählweise, die Besonderheit dieser Kultur. Es brauchte Jahrtausende, bis der Mensch ein sprachliches Ausdrucksvermögen entwickelte, das es ihm erlaubte, seine Welt durch verbale Kommunikation und mündliche Überlieferung zu strukturieren und zu erhalten. Irgendwann wurden die Lebensumstände zu komplex, um sie ausschließlich mündlich zu kommunizieren und aus dem Gedächtnis und der Erinnerung heraus zu rekonstruieren, so dass einzelne Kulturen der mündlichen Überlieferung eine graphische und schriftliche hinzufügten. In der Folge wurden mittels eines vereinbarten, festgelegten Zeichensystems Daten auf einen Träger gebracht und konnten von diesem wieder abgelesen, sprich dekodiert werden.

Die Schrift existiert seit fünf- bis sechstausend Jahren, seit der Mensch sich Materialien zunutze macht, mit denen er malen, gravieren, ritzen, stempeln und schreiben kann. Die Geschichte der Schrift ist allerdings nicht nur eine Geschichte der Fixierung von Sprache, sondern zugleich eine Geschichte der Symbole und Zeichen. Der uns heute bekannten Schrift gehen Felszeichnungen voraus, wie die Zeichnungen in der Höhle von Lascaux vor etwa zwanzigtausend Jahren, bei der abstrakte Zeichen mit magischem und symbolischem Charakter verwendet wurden. Seit Zehntausenden von Jahren benutzen Menschen Zeichen und Bilder, um Botschaften zu hinterlassen. Von Schrift im eigentlichen Sinn kann erst gesprochen werden, wenn ein festgelegtes Zeichensystem zum Ausdruck für verschiedene Informationen zur Verfügung steht.

Schrift wie Sprache sind eine ausschließlich dem Menschen eigene, nicht im Instinkt verwurzelte Methode zur Übermittlung von Gedanken, Gefühlen und Informationen mittels eines Systems von frei geschaffenen Symbolen. Sprache stellt eines der wichtigsten Elemente unserer emotionalen und sozialen Kommunikation dar. Je besser diese von klein auf ausgebildet wird, umso differenzierter, gewählter und kommunikativer kann sich der Mensch mitteilen. Sprache besitzt die spezifische Stärke, eine relativ kurze Kodierung zu sein, wodurch sie gut speicher- und übertragbar ist. Durch ihre Kompaktheit ist es möglich, in kurzer Zeit große Informationsmengen zwischen Sender und Empfänger auszutauschen. Dem steht der Nachteil gegenüber, dass sprachliche Kommunikation nur schwach kausal ist, was zur Folge hat, dass bereits eine kleine Änderung im Eingangssignal eine starke Änderung im Ausgangssignal bewirken kann. Der Satzteil *den Kopf abschneiden* hat eine entschieden andere Bedeutung als *den Zopf abschneiden*. Dementsprechend wird der Empfänger der Botschaft auf die beiden Aussagen unterschiedlich reagieren. Weitere Beispiele aus dem schwach kausalen Kontext der Sprache sind Wörter wie *immer*, *andauernd* oder Sätze mit scheinbar kausalem Zusammenhang, die meist die

Wörter *wenn, dann* beinhalten. Der Satz *Du bist immer beleidigt, wenn ich mal was sage*, kann nicht zutreffen, weil kein Mensch irgendetwas *immer* macht. Dementsprechend reagiert der Angesprochene heftig auf einen solchen Vorwurf, obwohl der Auslöser nur ein einziges ungeschickt gesetztes Wort ist. Kleine Ursache, große Wirkung in einem schwach kausalen System. Diese Tatsache ist bedeutend, weil nachgewiesen ist, dass Systeme, die schwach kausal sind, nur schlecht bis gar nicht in der Lage sind, sich aus sich selbst heraus weiterzuentwickeln. Dem Aspekt einer gesteuerten Weiterentwicklung des Systems Sprache kommt vor diesem Hintergrund eine hohe Bedeutung zu. Überdies macht es deutlich, dass ein sorgsamer Gebrauch der Sprache von äußerster Wichtigkeit ist, will man Botschaften senden, deren Missverständlichkeit für die Kommunikation auf ein Minimum begrenzt werden soll.

Bei der Beschäftigung mit Schrift und Sprache als Heilmittel kommt, neben der Schrift und der Sprache selbst, der menschlichen Stimme eine zentrale Bedeutung zu. Der Mensch, der zur Welt kommt, schreit, ein lebenswichtiger Reflex, der die Lungen vom Fruchtwasser befreit und zugleich zum ersten Mal im Leben die Stimme eines Menschen erklingen lässt. Die Stimme eines Menschen ist so einmalig und unverwechselbar wie sein Fingerabdruck. In der Stimmbildung wird die Stimme als Ausdruck der Persönlichkeit betrachtet und entsprechend geschult. Jeder Mensch verfügt über eine große Modulationsfähigkeit der Stimme, und wie die Stimme klingt, hat viel mit der Gestimmtheit, also dem Gemütszustand des Sprechers zu tun. Auch wenn jeder Mensch ein unverwechselbares Timbre hat, ist seine Stimme nicht jeden Tag gleich, an ihr lässt sich vielmehr erkennen, ob ein Menschen traurig, wütend, beleidigt oder euphorisch ist. Je nach Gemütszustand des Sprechers werden die einzelnen Funktionen des Stimmapparates unterschiedlich genutzt. Ist ein Mensch traurig, ist seine Stimme aller Wahrscheinlichkeit nach langsam und schwach, Körper und Stimmlippen fehlt die Spannung, die Stimmlippen schließen sich langsam und mit wenig Kraft, so dass die Stimme gehauchter, weniger deutlich und präsent klingt. Guter Stimmung hingegen sind der Körper gespannt und die Atmung ist tief, so dass Druck auf den sich verkürzenden Stimmlippen liegt, und die Stimme höher klingt, was die Töne klarer und lauter werden lässt.

Der Stimme kommt im therapeutischen Kontext eine weitere Bedeutung zu. Die eigene Stimme zu hören, kann bedeuten, sich im Akt des Sprechens seiner selbst zu vergewissern, sich wahrzunehmen, zum Ausdruck zu bringen und in Kontakt zu treten, nicht nur mit seinen Gedanken und Gefühlen, sondern ebenfalls mit seiner Körperlichkeit. Um diesen Aspekt in der Poesietherapie zu integrieren, hat es sich bewährt, die in der Therapie entstandenen Texte laut zu lesen. In Gruppen werden der Kommunikation und des besseren Verständnis halber die Texte meist sowieso gelesen, aber auch wer für sich alleine schreibt, sollte von Zeit zu Zeit die Texte laut lesen oder auf Tonband aufnehmen, um die eigene Stimme zu hören. Aufnahmen auf Tonträger haben sich auch in der Gruppenarbeit bewährt, da jeder seine eigene Stimme anders hört, als sie von außen wahrgenommen wird. Hört man auf den Klang der eigenen Stimme, wird man sich mit der Zeit der rhythmischen Eigenschaften der Stimme bewusst und erkennt mitunter einen bestimmten Stil, Gedanken und Gefühle auszudrücken und Inhalt zu gestalten. Auch liest sich ein und derselbe Text zu verschiedenen Tageszeiten, an verschiedenen Orten, vor verschiedenen Menschen und in verschiedenen Stimmungen anders. Dies auszutesten, bedeutet eine Annäherung an sich, seine Körperlichkeit und Sinnlichkeit, die Welt des Klangs und die des Schreibens.

Träume

»*Der Traum ist der beste Beweis dafür, dass wir nicht so fest in unsere Haut eingeschlossen sind, als es scheint.*« (*Friedrich Hebbel*)

Träume haben für den Menschen eine große Bedeutung. In der Psychologie gelten sie als Spiegel der Seele, in denen sich Bilder des Unbewussten offenbaren, die wichtige Informationen und Bedeutungsinhalte vermitteln. Träume bieten Zugang zu einem Teil der menschlichen Psyche, der im Wachzustand meist verschlossen ist. Sich das Wissen der Träume zunutze zu machen, ist Teil der Arbeit des kreativen und therapeutischen Schreibens. Dabei gilt es zu berücksichtigen, dass es verschiedene Arten von Träumen gibt, die sich auf unterschiedlichen Bewusstseinsebenen abspielen. Der Tagtraum beispielsweise ist dem Wachbewusstsein jederzeit zugänglich, während sich der Nachttraum weitgehend im Unbewussten abspielt. Im Schreiben kann man sich verschiedener Techniken bedienen, um Träume zu entschlüsseln.

Eine Möglichkeit, sich den Träumen schreibend anzunähern, ist das Führen eines Traumtagebuchs, wie es bereits von Sigmund Freud praktiziert wurde. Direkt nach dem Wachwerden oder Aufstehen wird alles notiert, was von der Nacht erinnert wird, auch wenn es sich dabei nur um vage Gefühle und keine deutlichen Inhalte handelt. Auch wenn zunächst scheinbar nichts erinnert wird, empfiehlt es sich, fünfzehn Minuten lang zu schreiben, bevor man den Tag beginnt. Auf diese Weise wird das Bewusstsein angeregt, Träume zu erinnern und plastisch zu machen. Eine weitere Möglichkeit, sich den Träumen anzunähern, sind Techniken, die das Gehirn in einen anderen Bewusstseinszustand versetzen.

Dafür bietet sich die Methode der freien Assoziation an, die auch in der Psychoanalyse eine große Rolle spielt, ebenso können Musik und Malen dazu verhelfen, Vorbewusstes zu vergegenwärtigen, um sich in einem zweiten Schritt schreibend dem Unbewussten zu nähern. Auch das luzide Träumen vermag über bestimmte Stimuli das Gehirn in einen Bewusstseinszustand zu versetzen, der dem Unbewussten nahe kommt.

Die Geheimnisse, die Träume verbergen, und die Schwierigkeit ihrer Deutung, beschäftigen die Menschen seit jeher. In der Mythologie und der frühen Antike wurden vielfach die Götter und das Mystische bemüht, um Träume zu bestimmen. Artemidor sah im Traum die Möglichkeit der Zukunftsdeutung und unterschied triviale, durch körperliche oder seelische Affekte verursachte von bedeutsamen Träumen mit Offenbarungscharakter. Diese Unterscheidung traf auch der heilige Augustinus; zusätzlich unterteilte er die Träume in natürliche und übernatürliche, wobei er Letztere guten wie bösen Geistern zuschrieb. Albertus Magnus machte Dämonen und Engel für die Träume verantwortlich; körperlose himmlische Intelligenzen, die die menschliche Seele mittels Lichtstrahlen beeinflussen, die die Seele dann in Traumbilder umsetzt. Für ihn gab es deutliche und auslegungsbedürftige Träume, und Träumer waren für ihn denkende Weise, imaginationsbegabte Philosophen oder Propheten. Thomas von Aquin führte Träume auf Himmelskörper und fortgeführte menschliche Gedanken zurück.

Aristoteles, der sich als Erster systematisch mit der Physiologie des Traumes auseinandersetzte, wies die im Altertum verbreitete Vorstellung zurück, Traumerscheinungen seien göttlich und hätten eine eigenständige Existenz. Für ihn waren Traumbilder Überreste von im Wachzustand erfolgter Sinneswahrnehmungen, womit er zugleich erklärte, warum die Traumzeichen den wahrgenommenen Dingen ähneln. Träume, so Aristoteles, seien von

Flüssen transportierte Wirbel, die während des Schlafs im Blut zirkulierten und beim Auftauchen Traumbilder erzeugten. Er bestritt, dass sich die Zukunft anhand von Träumen vorhersagen lasse; allenfalls komme es, wie durch viele Würfe ein Treffer erzielt werde, zu Koinzidenzen zwischen Traum und Zukunft. Allerdings könne der Schlafende durch Bewegungen, die sich in der Luft fortpflanzten, Dinge träumen, die sich weit entfernt abspielten.

Das Problem der Täuschung durch den Traum, das Platon aufwarf, wurde mit Descartes zum eigenständigen Topos. Ausgehend von der Idee, dass der Traum eine Sinnestäuschung sei, diskutierte er nicht länger traumtheoretisch, sondern erkenntnistheoretisch und warf die Frage auf, ob der Mensch die Außenwelt nicht überhaupt nur träume. Diesbezüglich suchte er nach Indizien, die es ermöglichten, Traum und Wachzustand sicher voneinander zu unterscheiden. In der Romantik postulierte Gotthilf Heinrich von Schubert, dass in der Traumwelt eine eigene prophetische Sprache existiere, eine Hieroglyphensprache, eine Bildsprache, die zum Unbewussten und zu den Emotionen einen kürzeren Weg zurücklege als die erlernte Wortsprache. Die Hieroglyphensprache, so Schubert, sei die Ursprache der Kindheit, in der man in Bildern und nicht in Wörtern denke. Indem man lerne, die Hieroglyphensprache der Träume zu verstehen, nähere man sich der Ursprache der Kindheit, dem Kern des Selbst.

Freud verstand die Träume als Hüter des Schlafs, als Botschafter des Unbewussten, als unerfüllte Triebwünsche, die durch die psychische Zensur unkenntlich gemacht würden. Während die Traumarbeit darin bestehe, die Botschaft zu verschlüsseln, werde in der Traumdeutung der Versuch unternommen, die unbewusste Bedeutung der unzensierten und verzerrten Trauminhalte zu verstehen. Als Merkmale des Traums galten ihm Visualität, Wirklichkeitsgefühl und Absurdität. In jedem Traum, so Freud, stecke eine

Regression in die frühesten Lebensverhältnisse des Träumers. Der Traum belebe somit die Kindheit wieder, einschließlich der in ihr herrschenden Triebregungen. Die Wahrnehmungen im Traum würden für real gehalten, weil die Fähigkeit zur Realitätsprüfung durch das Ich aufgehoben sei. Die unbewussten Prozesse, die sich in Träumen manifestierten, unterlägen anderen Regeln als die bewussten Prozesse im Wachzustand. Der Traum sei ein Primärvorgang, der dem Lustprinzip folge. Träume hätten eine Privatsprache, eine eigene Grammatik, die wie andere sprachliche Mitteilungen und körperliche Symptome der Deutung und Entschlüsselung bedürften. Träume fungierten als Stellvertreter für Erinnerungsinhalte, die wegen ihrer Bedrohlichkeit für das wache Ich verdeckt bleiben müssten.

C. G. Jung, der sich ebenfalls ausführlich mit der Materie des Traums beschäftigte, definierte ihn als unwillkürliche psychische Tätigkeit mit kompensatorischer Funktion. Er ging davon aus, dass jeder Traum Anteile am kollektiven Unbewussten habe und die Antizipation, die im Traum stattfinde, zur Integration im Wachzustand führe. Träume seien nicht ausschließlich Ausdruck einer persönlichen Gleichgewichtsstörung, sondern offenbarten allgemeine, sich ewig wiederholende menschliche Probleme.

In der Psychoanalyse geht man davon aus, dass die intrapsychische Regression im Traum zu primär nicht kommunizierbaren Inhalten führt, die sich jedoch mittels künstlerischer Gestaltung transzendieren lassen. Diese künstlerische Umsetzung kann in der Folge zur Aussöhnung zwischen Phantasie und Realität beitragen. Träume können in der sekundären, wachen Bearbeitung auf die Möglichkeiten zur Verwirklichung hin überprüft und weitergedacht werden. Auf künstlerischer Ebene lassen sich Traumbilder konkretisieren, wodurch sie kommunizierbar und korrigierbar werden. Gaetano Benedetti betont die intrapsychische Imagination des Traumes. Während die wache Imagination von der unmittelbaren Wahrnehmung eines anwesenden Objekts abhänge, reproduziere die intrapsychische Imagination das Objekt in einer Innenwelt, die damit zugleich erschaffen werde. Somit ermögliche die Traumimagination, Konflikte des wachen Lebens in der Schlafruhe in einem entspannten intrapsychischen Raum zu vergegenwärtigen, zu bewältigen und fehlerhafte Verhaltensweisen ohne Gefahr zu wiederholen und zu korrigieren.

Träume haben eine Doppelfunktion, ihre Struktur ist oft polar: Bild und Gegenbild, Vergangenheit und Gegenwart, Regression und Progression. Während Freud in der Traumanalyse die biographischen Momente der Träume betonte, richtete Jung den Fokus auf archetypische Muster. Benedetti, der im gestalttherapeutischen Kontext arbeitet und denkt, integriert beide Aspekte. Für ihn ermöglicht die Zweideutigkeit der Träume eine schöpferische Auseinandersetzung und Erweiterung des Erlebnishorizontes. Während das wache, dialektische Denken zwischen zwei Optionen entscheiden müsse, eröffne sich im Traum ein Raum, in dem die Psyche ihre Komplexität und Polarität erleben und verarbeiten könne.

Einzelträume lassen sich oft nur schwer deuten; erst in ihrer Aufeinanderfolge liefern die meisten Träume ansatzweise schlüssige Erklärungen. Exemplarisch werden im Folgenden sechs polare Traumbereiche betrachtet.

Polare Traumbereiche

Wunscherfüllung versus Selbstentfaltung
In Träumen werden nicht nur verbotene Triebregungen erfüllt, sondern zugleich Seinsmöglichkeiten aktualisiert und vorweggenommen.

Traumbeispiel: Eine Patientin befindet sich im Traum vor dem Tor des Paradieses. Ein alter Greis steht dort als Wächter. Zunächst spricht nichts dagegen, dass er der Frau das Tor öffnen wird. Aber im nächsten Augenblick spazieren einige Frauen, die bereits im Garten Eden sind, an ihnen vorbei. Der Greis nickt ihnen lächelnd zu. Ein akuter seelischer Schmerz trifft die Patientin; sie hat erwartet, dass der Greis nur ihr zulächeln würde. Wegen ihrer auftretenden Eifersucht, wird sie nicht ins Paradies gelassen.

Interpretationsversuch: Ihr allzu großer Anspruch steht der Patientin zu ihrem Glück und Einlass ins Paradies im Weg. Durch ihre große Liebeserwartung bekommt sie keine Liebe. So, wie sie andere ausschließen möchte, wird sie selbst ausgeschlossen. Der aussichtslose Wunsch nach Ausschließlichkeit wird nur im Traum offenbar. Im realen Leben ist sich die Frau ihres übergroßen Anspruchs nicht bewusst, sondern redet ihn im Gegenteil klein; der Traum zeigt jedoch, dass es sich anders verhält.

Erinnerung versus Aktualisierung
Im Traum ist alles Spiegelung der Vergangenheit. Nirgends sonst ist der Mensch von seiner Vergangenheit so determiniert wie im Traum. Schwierigkeiten, die im Leben als überwunden gelten, können im Traum wiederkehren.

Traumbeispiel: Ein Patient, der in einer existentiellen Sackgasse lebt, ohne es zu wissen, sieht sich im Traum als Gefangener. Er spürt, wie eng der Raum ist, wie düster die Wände sind und wie karg das Licht ist. Er erkennt das eigene Elend, sieht aber ein kleines Fenster hoch oben, ohne Gitter. An der Wand ist eine Schrift mit Blut gezeichnet, nicht lesbar, weil aus fremden Buchstaben. Sie will ihn jedoch lehren, wie er sich zum Fenster aufschwingen kann.

Interpretationsversuch: Der Traum deckt ein Programm auf. Es zeigt, dass der Mensch im Traumdenken weite Bereiche der Existenz erfasst und verarbeitet. Frühe Ereignisse werden wahrscheinlich deshalb im Traum reproduziert, um im Zusammenhang mit der Dynamik der Gegenwart verarbeitet zu werden. Wie sehr auch der Traum der Vergangenheit zugewandt ist, fast immer erfährt der Mensch die Situationen in der Gegenwart. Meist fehlt im Traum die zeitliche und räumliche Orientierung. Die Aktualisierung der Vergangenheit, die im Traum als Gegenwart erlebt wird, ermöglicht dem Träumer, sich anders zu verhalten als in der unwiderruflich determinierten Vergangenheit.

Wiederholung versus Bewältigung
Der Wiederholungszwang im Traum dokumentiert die Unentrinnbarkeit des Leidens. Im Traum können die traumatischen Erlebnisse gestaltet werden, es gelingt, Bilder zu entwerfen, die eine progressive Bewältigung ermöglichen.

Traumbeispiel: Der italienische Schriftsteller Primo Levi hatte wiederholt einen Traum, in dem er sich, nach seiner Rückkehr aus dem Konzentrationslager, in seinem Haus im Kreis seiner Freunde befindet. Es wird dunkel und die Gestalten verblassen. Auf einmal sitzt er wieder im trostlosen Lager, wo er in nationalsozialistischer Gefangenschaft nur knapp dem Tod entkam.

Interpretationsversuch: Viele Kriegsveteranen oder ehemalige Gefangene träumen von der traumatischen Zeit. Die Träume sind Ausdruck der Ängste, der erlebten Ungewissheit und Hoffnungslosigkeit. Hinzu kommen oft irrationale Schuldgefühle gegenüber Mitgefangenen, die nicht überlebten.

Tod versus Leben
Der Tod im Traum lässt sich inhaltlich auf vielfältige Weise verstehen: zum einen als konkreter Tod, zum anderen als das Sterben bestimmter Persönlichkeitsanteile, weiterhin als eine größere anstehende Veränderung, die des Todes eines vorherigen Zustandes bedarf. Etwas unwiederbringlich zu verlieren, findet sich im Traum oft als Todessymbol, wobei die Symbole eine große Breite aufweisen: verdorrte Bäume, schwarzes oder blutiges Wasser, verstümmelte Gliedmaßen, schwarze Blumen oder andere schwarze und rote Symbole. Auch ein Verlust der Ausdrucks- und Entfaltungsmöglichkeiten, eine Zeit der chronischen Krankheit oder eine Verflachung des Seelenlebens können auf diese Weise im Traum zum Ausdruck kommen. Der andere Pol des Todes ist das Leben; nur indem etwas stirbt, kann etwas Neues entstehen, sich eine Wandlung vollziehen. Der ewige natürliche Kreis des Werdens und Vergehens gilt auch auf der Traumebene.

Traumbeispiel: Eine Frau befindet sich zusammen mit unbekannten Menschen auf einem unbekannten Planeten. Alle stehen im Kreis, plötzlich tritt der Tod in den Kreis, in der Hand hält er eine Maske aus Wachs, es ist die Totenmaske der Mutter dieser einen Frau. Er geht von Mensch zu Mensch und drückt jedem die Totenmaske aufs Gesicht; so geschehen, verlöschen die Menschen. Als er vor der Frau steht, und diese glaubt, nun werde er auch ihr die Maske aufs Gesicht drücken, blickt er sie scharf an und sagt: Du hast ja schon dein eigenes Gesicht.

Interpretationsversuch: Dieser Traum weist in Richtung Individuation; der Tod als ultimative Form der Selbstbegegnung. Individuation aus der Erfahrung des drohenden Selbstverlustes. Oft wird in Todesträumen dem Träumer ein unerbittlicher Spiegel seiner

Selbst und seines Schicksals vor Augen gehalten. Es birgt die Chance, das Todesbild in der Ruhe des Schlafes zu betrachten, ohne von ihm vereinnahmt zu werden. Der Tod, der sich im Traum bildhaft manifestiert, eröffnet zugleich die Möglichkeit, das Tote, indem es erkannt wird, vom Leben abzugrenzen und neue Seins- und Lebensvarianten zu finden. Es gilt, hinter dem vordergründigen Traumgeschehen vom Tod die Möglichkeiten von Wandlung und Leben zu spüren. Im Traum wird etwas symbolisch zu Grabe getragen und eröffnet Raum für Neues und zugleich Lebendiges. Alte Anteile und Muster, die das Leben bestimmt haben, werden im Traum zurückgelassen. So gesehen kann der Tod im Traum das Ende einer drohenden Erstarrung der Persönlichkeit des Träumers signalisieren.

Selbstaufgabe versus Selbstakzeptanz
Selbstaufgabe oder auch Selbstentfremdung soll im Folgenden als Abspaltung bestimmter, nicht gewünschter Anteile des Selbst verstanden werden, der die Integration dieser Anteile gegenübersteht, was zu einer erweiterten Akzeptanz der eigenen Person beiträgt. Gemeint sind Triebregungen, Wünsche und Gefühle, die vom Träumer im Wachzustand als nicht mit dem Ideal-Selbst stimmig erlebt und deswegen verdrängt oder verleugnet werden. Oder es geht um Selbstentfremdung als Situation eines Menschen, der Entwicklungsmöglichkeiten seines Wesens verpasst hat und diese unverwirklichten Möglichkeiten im Wachzustand als Unbehagen empfindet, während er die ungelebten Möglichkeiten im Traum als Lücke visualisiert oder als verkümmerte, respektive verkrüppelte Gestalten.

Traumbeispiel: Eine Frau träumt von sich als kleinem Mädchen, das zusammen mit einem anderen Mädchen gleichen Alters im Keller einer Metzgerei gefangen gehalten wird. Die beiden Mädchen sind gefesselt und haben große Angst. Als der Metzger einen Augenblick nicht aufpasst und die Tür offen lässt, entkommt die Träumerin, das andere Mädchen will ebenfalls fliehen, schafft es aber nicht. Jahre später sieht die Frau das andere Mädchen wieder, das mittlerweile ebenfalls eine Frau ist, die in ihrer Entwicklung jedoch zurückgeblieben ist, kaum sprechen kann und ziemlich dick ist.

Interpretationsversuch: Beide Mädchen stellen Anteile der Träumerin dar. Das Mädchen, das nicht fliehen kann und später im Traum als zurückgeblieben erlebt wird, ist der Anteil der Träumerin, den sie nicht verwirklichen konnte. Das Erkennen eigener vernachlässigter Anteile kann im Träumer Kräfte mobilisieren, die im Sinne der Selbstfürsorge agieren und zu einer Integration des zunächst als abstoßend empfundenen Anteils beitragen können. Das Verständnis, dass es sich bei dem zweiten Mädchen um das eigene ungeliebte Ich handelt, kann im Selbst Kräfte der Liebe und des Mitleids wecken und zu einer Form der Akzeptanz beitragen, zu einer Hinwendung zu diesen Anteilen, zu einer Förderung vernachlässigter Persönlichkeitsanteile.

Zwang versus Freiheit
Im Wachzustand kann der Mensch sich entscheiden, auch wenn sich die einzelnen Entscheidungen in ihrem Freiheitsgrad unterscheiden. Im Traum dagegen folgt das träumende Ich dem Traumgedanken in höchstem Maße unfrei, es hat keinen Einfluss auf den Trauminhalt. Dennoch eröffnen sich im Traum andere Freiheiten, Menschen können fliegen, von einer Szene in die nächste wechseln und Dinge aussprechen, die sie im Wachzustand nie zu äußern wagen. So gesehen besteht im Traum die Möglichkeit, eine reale, aktuelle oder vergangene Unfreiheit aufzubrechen.

Traumbeispiel: Eine erwachsene Frau träumt, dass ihr die verstorbenen Eltern im Traum erscheinen, als Skelette, an deren Knochen noch Fetzen von Fleisch hängen. Sie nähern sich der zu Tode erschrockenen Träumerin wie Todesboten; Fetzen von Fleisch und Haut fallen auf die Träumende nieder und verschmieren sie mit Blut und Eiter. Die Frau kann nicht fliehen, steht wie gelähmt.

Interpretationsversuch: So schrecklich der Traum ist, so klar und damit hilfreich kann er verstanden werden, und zwar als Botschaft, dass die Träumerin den Eltern im bisherigen Leben so verhaftet war, dass sie kein eigenes Leben gestalten konnte. Dieses harte, aber klare Erkennen kann zum Aufwachen und zu einer Änderung der Lebensverhältnisse führen. Im Traum zeigte sich der Höhepunkt der Abhängigkeit und ihrer Folgen für das Leben der Träumerin.

Luzides Träumen

Luzide Träume (von lateinisch *lux* – Licht), auch Klarträume genannt, sind Träume, in denen der Träumer sich bewusst ist, dass er träumt. Die Theorie des luziden Traumes geht davon aus, dass sowohl das bewusste Träumen als auch die Fähigkeit zum willentlichen Steuern von Trauminhalten erlernbar sind.
Merkmale luzider Träume sind:
1. Der Träumer ist sich im Klaren, dass er träumt.
2. Der Träumer ist sich über seine Entscheidungsfreiheit im Klaren.
3. Das Bewusstsein ist klar, ohne traumtypische Verzerrung.
4. Die Wahrnehmung der fünf Sinne ist wie im Wachzustand.
5. Es besteht Klarheit darüber, wer man ist und was man will.
6. Nach dem Traum gibt es eine klare Erinnerung.
7. Der Träumer ist sich über den Sinn des Traums im Klaren.

1867 veröffentlichte der französische Sinologe Marquis d'Hervey de Saint-Denys die erste seriöse Arbeit über Träume und Traumkontrolle. Über Jahrzehnte zeichnete er seine nächtlichen Träume auf und eignete sich die Fähigkeit an, seine Träume zu kontrollieren. Freud kannte das Werk von Saint-Denys und die Möglichkeit der Traumlenkung, setzte sich in seinem Buch »Die Traumdeutung« allerdings nur kurz damit auseinander. Auch konnten die Studien von Saint-Denys seine Generation der Schlaf- und Traumforscher nicht bewegen, dieses Phänomen intensiver zu untersuchen. Erst mit dem Artikel »A study of dreams« des Niederländers Frederik van Eeden (1913) fand die Klartraumforschung erste Anerkennung. Auch er hatte über Jahre hinweg Traumtagebuch geführt und erlernte dabei die Traumkontrolle. Er prägte den Begriff *luzides Träumen*, mit dem sich 1968 Celia Green in ihrem Buch »Lucid dreams« näher auseinandersetzte. Ihre Arbeiten zur Parapsychologie führten jedoch zu Skepsis, und luzide Träume wurden als esoterisch und unwissenschaftlich gewertet. Auch Greens Einschätzung, dass luzides Träumen bald nachweisbar sein würde, wurde abgetan. Trotz vieler Berichte, wie unter anderem von dem Anthropologen und Schriftsteller Carlos Castaneda, wurden luzide Träume von Forschern als unmöglich und absurd bezeichnet. Erst Stephen LaBerge und Keith Hearne konnten mit systematischen Versuchen und mit Hilfe neu entwickelter technischer Verfahren die Existenz von luziden Träumen anhand von willkürlichen Augenbewegungen der Träumer nachweisen. In der Folge wurden gezielte Induktion von luziden Träumen, Aufrechterhaltung des Bewusstseins über den Traumzustand und mögliche Einsatzgebiete systematisch erforscht.

Klarträume werden überwiegend in der REM-Phase des Schlafs beobachtet. Der Klarträumer hat die Möglichkeit, mit den Augen, deren Muskeln, im Gegensatz zu allen anderen Muskeln des

Körpers, im Klartraum willkürlich steuerbar sind, vor dem Traum vereinbarte Bewegungen durchzuführen und damit den luziden Zustand zu signalisieren. Man geht davon aus, dass etwa acht Prozent der Menschen einmal wöchentlich Klarträume haben.

Durch das Bewusstsein über den eigenen Traumzustand ist es möglich, in den Traum einzugreifen, planvoll zu handeln und Traumumgebung und Traumfiguren zu kontrollieren. Physikalische Grenzen können überschritten werden, da es keinen prinzipiellen Unterschied zwischen Wach- und Traumerleben gibt. Vom Klartraum aus kann verändernd auf die innere Welt eingewirkt werden.

Es wurden Techniken entwickelt, persönliche, im Traumgeschehen als beängstigend wahrgenommene Konflikte durch den Klartraum in positive, persönlichkeitsintegrierende Auflösungen zu wandeln. Green und LaBerge belegten Fälle, in denen sich der Träumer durch einen Albtraum seines Traumzustandes bewusst wurde und dadurch den weiteren Traumverlauf in eine positive Richtung lenken konnte. Daraus zogen sie den Schluss, dass Klarträume begleitend zur psychotherapeutischen Behandlung von Patienten eingesetzt werden könnten, die unter posttraumatischen Belastungsstörungen leiden. Im Klartraum könne der Träumer mit sich in Kontakt treten, Traumfiguren nach Bedeutung oder Sinn des Traumes befragen und damit aktive Deutungen im Traum selbst vornehmen. Der fortgeschrittene Klarträumende schaffe sich damit eine Metaposition innerhalb des Traums, von der aus er über seine Position im Traum reflektieren könne.

Techniken zur Induktion von Klarträumen lassen sich drei Kategorien zuordnen:

1. Der wache Mensch versucht, seine Bewusstheit in den Traum mitzunehmen, wie bei der WILD-Technik (Wake Induced Lucid Dream). Gewissermaßen schläft nur der Körper ein und verfällt in eine Schlafstarre.

2. Der Träumende erkennt während des Traumes, dass er träumt. Dies kann durch Erkennen von Schlüsselsymbolen, von bizarren, surrealen Traumszenarien oder durch distanzierte Betrachtung und Überprüfung des Bewusstseinzustandes geschehen.
3. Erhält der Träumer in der REM-Phase Außenreize (visuell, auditiv), kann dies Klarträume induzieren. Solche Reize können Lichtsignale, Wörter oder Töne sein.

Wahrnehmung, Sinn und Sinnlichkeit

»*Auf der Höhe des Gelächters wird das Universum in ein Kaleidoskop neuer Möglichkeiten geworfen.*« *(Jean Houston)*

Nähert man sich dem Begriff der Wahrnehmung etymologisch, trifft man auf seinen Bezug zur germanischen Sprache, in der Wahrnehmen die Bedeutung von *Gewahrwerden, in Gewahrsam nehmen* und *seine Interessen wahren* hat. Gewahrsein bedeutet Achtgeben, was sich im lateinischen *animadvertere* wiederfindet und so viel wie *die Seele auf etwas richten* bedeutet, ein Vorgang, bei dem der Mensch seine Seele in aktiver Bewusstheit für Sinnesinformationen öffnet. Mit der Gerichtetheit der Seele wird angedeutet, dass es neben den physischen Aspekten des Wahrnehmungsprozesses Komponenten gibt, die über das Körperliche hinausgehen, was in der unterschiedlichen Verwendung der Begriffe Leib und Körper zum Ausdruck kommt, wobei der Leibbegriff den Körper aus dem Physiologischen hebt und zu einem umfassenden Phänomen macht. Der englische Begriff *perception* bezieht sich auf das lateinische *percipere*, das *erfassen, wahrnehmen* bedeutet und in der dritten Bedeutung *genießen* meint, was auf das Näheverhältnis zwischen Wahrnehmung und Sinnlichkeit verweist, wobei die Sinnlichkeit mit den Sinnen und der Sinnhaftigkeit korrespondiert.

Demokrit, einer der ersten Philosophen, der sich auf die fünf Sinne des Menschen bezog, sagte, dass nichts im Intellekt sei, was nicht zuvor in den Sinnen war. Auch Aristoteles lehrte das Zusammenwirken von Sinnestätigkeit und Verstand. Hippokrates verstand das menschliche Gehirn als Quelle von Gedanken, Freuden und Schmerzen und differenzierte Körper, Seele und Geist. Da Vinci lokalisierte Allgemeinsinn, Vorstellungskraft, Denkvermögen und Gedächtnis in drei Hirnbläschen, die direkt mit dem Auge verbunden seien, wodurch die Empfindungsseele zum Auge des Geistes würde.

Im 19. Jahrhundert entstand der Begriff der Wahrnehmungssysteme und mit ihm ein Modell vom Gehirn als reizverarbeitendem System mit Wahrnehmung, emotionaler Bewertung, Gedächtnis, Planung und Handlung. Die experimentelle Hirnforschung ließ die Seele in die Großhirnrinde wandern und bestimmte den Neokortex zum Sitz von Verstand und Bewusstsein. Die heutige Neurobiologie geht davon aus, dass dem Akt der Wahrnehmung ein Akt des Empfindens vorgeschaltet ist, wobei das Empfinden als einfachster Baustein der Wahrnehmung verstanden wird, der am Anfang einer Wahrnehmungskette steht und noch nicht auf den Inhalt des Wahrgenommenen verweist, sondern zunächst auf etwas Atmosphärisches, das noch keine Unterscheidung zwischen Subjekt und Objekt aufweist, vielmehr eine emotionale und seelische Bedeutung hat, die der Wahrnehmung von Inhalten vorangeht. In diesem Verständnis fungiert die Empfindung als Träger einer Wahrnehmung, die noch keinen Gegenstand zum Inhalt hat, sondern Atmosphärisches und Emotionales umfasst, das sich der Empirie entzieht und nicht als unmittelbare Wirkung eines äußeren Reizes bestimmt werden kann, sondern an den Kontext von Erfahrungen und Bedeutungen gebunden ist. Demnach ist Wahrnehmung nicht nur das Ergebnis der Informationsvermittlung einzelner Modalitäten, sondern das Resultat vielschichtiger und vielfältiger Erlebnisse und Erfahrungen.

Die Empfindung, als nicht an den Inhalt gebundene Wahrnehmung, hat die Aufgabe, den Menschen auf einer atmosphärisch-emotionalen Ebene mit der Umwelt in Beziehung zu setzen. Erst in der Reflexion, der nachgeschalteten intellektuellen Verarbeitung der Empfindung, kommt es zur bewussten Wahrnehmung, die bezeichnet, was zuvor empfunden, nicht jedoch beschrieben oder artikuliert wurde. Durch die verstandesmäßige Reflexion werden unbewusste, emotional-atmosphärische Empfindungen in den Bereich der Wahrnehmung transportiert, und unklar Wahrgenommenes wird begrifflich gemacht.

Als Grundlage für Empfindungen und Wahrnehmungen dient dem Menschen ein differenziertes Sinnessystem, das Eindrücke über Sinnesorgane aufnimmt, vermittels Nervenbahnen weiterleitet und im Gehirn verarbeitet. Es wurden zahlreiche Versuche unternommen, die verschiedenen Sinne durch Einteilung zu systematisieren. Charles Sherrington orientierte sich dabei an der Lage und Wirkrichtung von Rezeptoren, die Reize aufnehmen und weiterleiten, und kam auf insgesamt dreizehn Sinne: Stellungs-, Spannungs-, Lage-, Bewegungs-, Tast-, Geschmacks-, Druck-, Berührungs-, Temperatur-, Schmerz-, Gesichts-, Gehör- und Geruchssinn. Rudolf Steiner sprach in seiner Sinneslehre von zwölf Sinnen und unterschied neben den körperorientierten Sinnen den Lebens-, Sprach-, Wort-, Gedanken- und Ichsinn.

Neben den Sinnesorganen und den leitenden Nervenfasern spielt das Gehirn als verarbeitendes und steuerndes System der Reize eine entscheidende Rolle beim Akt der Wahrnehmung. Es umfasst bei Frauen etwa neunzehn und bei Männern dreiundzwanzig Milliarden Nervenzellen, die im Lauf des Lebens um ungefähr zehn Prozent abnehmen. Schätzungen zufolge beläuft sich die Zahl der Neuronen in der Hirnrinde auf 10^{10}. Geht man davon aus, dass jedes Neuron mit zehntausend anderen verbunden ist, ergeben sich daraus etwa 10^{14} Verbindungen in der Großhirnrinde. Die Versorgung des Gehirns mit Informationen aus den Sinnesorganen erfolgt über 2,5 Millionen Nervenfasern, woraus sich siebenhundertfünfzig Millionen Bit/hundert Megabyte pro Sekunde an eingehenden Impulsen errechnen. Da bei der Geburt annähernd alle Nervenzellen vorhanden sind, resultieren Gewichts- und Größenwachstum des Gehirns in erster Linie aus der intensiven Vernetzung der Neuronen und dem Dickenwachstum der Verbindungen. Die Vernetzung der Nervenzellen vollzieht sich vorwiegend im Verlauf der ersten Lebensjahre, der Prozess ist jedoch nie abgeschlossen, wobei sich sowohl für die primäre als auch die sekundäre Vernetzung Anregungen und Übungen, die Anreize setzen, als wesentlich erwiesen haben. Eine weitere für die Wahrnehmung entscheidende Struktur im Gehirn ist das Limbische System, Zentrale des endokrinen und vegetativen Regulationssystems, in dem alle Signale eine emotionale Komponente erhalten, so dass sich der Mensch, aus rein neurobiologischer Sicht, einer emotionalen Tönung von Wahrnehmung nicht entziehen kann.

Von der Wahrnehmung gelangt man zur Sinnlichkeit, die wissenschaftlich betrachtet die Empfänglichkeit für verschiedene Sinnesempfindungen meint, insbesondere für psychische Ereignisse, die sich an Sinnesempfindungen anschließen. Gemeint ist die Wahrnehmung und Unterscheidung der außer uns befindlichen Dinge einerseits und die Gesamtheit der Begierden, die in den Bedürfnissen des Leib-Seele-Komplexes begründet sind, andererseits. Kant beschrieb die Sinnlichkeit als Rezeptivität einer Person, vermittels derer eine Vorstellung von der Gegenwart eines Gegenstandes erregt werde. Mit Hilfe der Sinnlichkeit würden uns Gegenstände gegeben, die uns Anschauungen lieferten, die durch den Verstand gedacht und von ihm mit Begriffen belegt werden könnten. Sinnlichkeit entspreche demnach dem Vermögen, Reize von außen aufzunehmen und ihnen aus dem Innern etwas hinzuzufügen. In Anlehnung an Paul Watzlawicks Axiom, dass es unmöglich ist, nicht zu kommunizieren, kann man schließen, dass es ebenso unmöglich ist, nicht wahrzunehmen. So wie der Mensch sich in ständigem Kommunikationsfluss befindet, befindet er sich in einem ständigen Zustand der Sinnlichkeit. Er kann sich nicht für oder gegen seine Sinnlichkeit entscheiden, sondern ist in jedem Augenblick seines Lebens ein sinnliches Wesen. Etwas ergibt Sinn, wenn man es begreift, wobei dem verstandesmäßigen das sinnliche Begreifen vorausgeht. In der integrativen Therapie geht man von einem Leib-Subjekt (Körper, Seele, Geist) als totalem Sinnes- und Handlungsorgan aus, wobei der Leib perzeptiv, memorativ, reflexiv und expressiv ist. Sinn und Sinnlichkeit sind nicht nur dem Wortstamm nach verwandt, sondern auch kontextuell, in dem Sinn, dass die Sinnlichkeit einer Kultur der Sinne bedarf, wie der Lebenssinn der Sinnlichkeit bedarf. Ebenso sind Sinnlichkeit, Genuss und Ästhetik einander verbunden und verpflichtet. Wie jeder Mensch zu Lebzeiten seiner Sinnlichkeit unterliegt, wirkt in ihm ein ästhetisches Empfinden, das nichts mit ästhetischen Strömungen zu tun hat, sondern individuell geprägt ist.

Der Begriff der Ästhetik leitet sich vom griechischen *aisthesis* ab, was mit *sinnlicher Wahrnehmung* übersetzt werden kann und die Lehre von Wahrnehmung und Sinnlichkeit bedeutet. In diesem Verständnis ist ästhetisch, was die Sinne anregt und Empfindungen hervorruft. Dabei lassen sich ästhetische Erfahrungen sowohl rezeptiv als auch produktiv machen, das heißt, sowohl in der Wahrnehmung ästhetischer Objekte und Phänomene als auch im eigenen Gestalten kommt es zur ästhetischen Erfahrung, die sich nicht ausschließlich auf die künstlerische Erfahrung bezieht, sondern einen Modus bezeichnet, durch den der Mensch die Welt und sich selbst im Verhältnis zur Welt erfährt. Ästhetische Erfahrungen spielen immer dort eine Rolle, wo Unerwartetes eintritt, dessen der Mensch mit Hilfe der Sinne gewahr wird. Ästhetische Erfahrungen geben ästhetische Reize, die Anlass zu Korrekturen bisheriger Annahmen von Wirklichkeit liefern und in einem weiteren Schritt zur Gestaltung drängen.

Grundannahmen und Mythen

> *»Man hat uns gelehrt zu glauben, dass das Negative mit dem Realistischen und das Positive mit dem Unrealistischen gleichzusetzen sei.«*
> *(Susan Jeffers)*

Gesehen, wahrgenommen, gedacht und verstanden wird nicht das, was es zu sehen gibt, sondern das, was man zu sehen und zu denken bereit ist, was man zu sehen und zu denken gelernt hat, so dass das zu Sehende und Wahrzunehmende immer zugleich ein Spiegel des Betrachters ist. Der Mensch ist bemüht, Gestalten, Einheiten und Zusammenhänge zu sehen und herzustellen, nicht nur der Form nach, sondern auch ursächlich, so dass kausale Beziehungen auch dort gesehen werden, wo sie nicht vorhanden sind. Sehen, Erkennen und Herstellen von Bedeutungen und Zusammenhängen ist eine Eigenschaft der Wahrnehmung, die auf Einheit zielt, weil anderenfalls Beunruhigung entsteht. Die Fähigkeit, einen Wahrnehmungsinhalt als solchen zu nehmen, ist dem Menschen nicht von Anfang an gegeben, sondern muss erlernt werden. Die in jedem Menschen vorhandenen Grundeinstellungen entsprechen dem Prinzip der Selektion und Interpretation und führen dazu, dass der Mensch das sieht und wahrnimmt, worauf er achtet.

Das *logische Gehirn*, das sich vereinfacht der linken Gehirnhälfte zuordnen lässt, denkt klar und linear und ist bemüht, die Welt in verstandesmäßige Kategorien zu ordnen, indem es einmal erkannte Prinzipien favorisiert, während es Unbekanntes zunächst als falsch oder gefährlich ansieht. Diese Grundfunktion des Kategorisierens ist archaisch und sinnvoll, wenn es um Bedrohungen geht, bei denen der Mensch schnell agieren und reagieren muss, um zu überleben; weniger hilfreich ist sie hingegen, wenn es darum geht, für Neues offen zu sein, andere Sichtweisen zuzulassen und neue Verbindungen und Zusammenhänge herzustellen, was wiederum für die Kreativität unabdingbar ist. Das *kreative Gehirn*, das sich vereinfacht der rechten Gehirnhälfte zuordnen lässt, denkt in Bildern, die nicht aus Begriffen und Ideen bestehen, sondern aus Farben und Formen, die Empfindungen hervorrufen.

Die Sinne, über die Empfindungen in den Körper aufgenommen werden, sind zunächst neutral, erst die nachfolgende Weiterverarbeitung über das Wahrnehmungssystem fügt den Empfindungen Urteile hinzu, die mit bereits Erlebtem und einmal getroffenen Grundannahmen zusammenhängen. Nicht also trügen die Sinne, sondern das Urteil über das Wahrgenommene kann trügerisch sein. Obwohl das Wahrnehmen immer auch die Deutung umfasst, und die Deutung die Benennung beinhaltet, existiert zugleich die Fähigkeit, Dinge aufzunehmen, ohne sie auf Worte und Bedeutungen festzulegen. Dieser *unvoreingenommene* Blick, wie er Kindern meist problemlos zur Verfügung steht, ist eine unabdingbare Voraussetzung für neue Erkenntnisse. Die Fähigkeit, trotz gängiger Einsicht und Gewöhnung Sichtweisen zu ändern, ist nötig, um kreativ sein und gestalten zu können. Kreativität verlangt, dass der Mensch sich auf den Kopf stellt, weil auf diese Weise zuvor Verdecktes gesehen wird und die Drehung bewusst macht, wie starr es ist, nur von oben zu blicken und zu deuten. Auch emotionale Reaktionen sind eine Art von Deutung, weil sie körperlich zu verstehen geben, was das Wahrgenommene bedeutet, und damit Folgen erwarten lassen, für die keine ausreichenden Gründe vorhanden sein müssen. Kreativität verlangt, im Sinn der emotionalen Flexibilität und seelischen Gesundheit, mit der Wahrnehmung zu experimentieren, starre Interpretationen aufzulösen und alternative Perspektiven zuzulassen. So wie die menschliche Wahrnehmung von Objekten außerhalb des Körpers einer Deutung in Bezug auf zuvor Erfahrenes und Erlebtes unterliegt, ist auch der menschliche Geist geprägt von Erinnerungen und Wiederholungen, was dazu führt, dass das Gehirn in aktuellen Situationen auf Erfahrungen zurückgreift. Meist sind die Erfahrungen kindlich prägende Erlebnisse, die besonders resistent gegenüber neuen Erfahrungen sind, wobei die Anwendung der alten Muster in einem zweiten Schritt vielfach zur Bestätigung der einmal gefassten Annahmen führt. Die Aufmerksamkeit in einer aktuellen Situation richtet sich auf das, was erwartet wird, und steuert dadurch indirekt das Geschehen und erfüllt es im Sinn der Erwartung.

Dabei lässt sich feststellen, dass den meisten Menschen ungünstige Grundannahmen leichter fallen als vorteilhafte, wobei diese eingeübten, negativen Grundannahmen von einer Art innerem Zensor aufrechtgehalten werden, der sich als Stimme der Vernunft präsentiert, dessen Meinungen aber keinesfalls der Wahrheit entsprechen müssen. Mythen und Grundannahmen hemmen Kreativität und verhindern neue Erfahrungen.

Die in der Poesietherapie angewandten Achtsamkeits-, Imaginations- und Schreibübungen sind in der Lage, Dinge in Unordnung zu bringen und neu zusammenzusetzen, sie vermögen den Ablauf der Zeit und die Ordnung des Raums zu verkehren und erlauben, Gewesenes als Zukünftiges zu denken und umgekehrt. Die Poesietherapie bietet die Möglichkeit, die Grenzen der realen Welt zu überschreiten, neue Wahrnehmungen und Erfahrungen zu machen und andere Deutungen vorzunehmen.

Kreativität und Spiel

>*»Neues entsteht nicht durch den Intellekt, sondern durch den Spielinstinkt, der aus innerer Notwendigkeit agiert. Der kreative Geist spielt mit den Objekten, die er liebt.« (C. G. Jung)*

Wird das Spiel als Grundform des Seins und die Kindheit als reine Form des Menschscheins verstanden, so stehen Spiel und Kindheit für das Tiefenphänomen der Geburt und der Selbstermöglichung des Lebens. In diesem Sinn kann Findungsgeschehen nur erfolgen, wenn hinter der jeweiligen Lebensgeschichte der ernste Spielcharakter des Seins erblickt und trotz möglicher existentieller Enttäuschungen die Natürlichkeit des Spiels aktiviert wird. Das Spiel steht für etwas, das sinnvoll erlebt wird, ohne eine unmittelbare Funktion zu erfüllen, als freies, nicht aufgetragenes, nicht determiniertes Handeln, als nicht zum gewöhnlichen Leben gehörend, als außerhalb der Notwendigkeiten und Begierden stehend, der Muße zugehörig, das mit seiner in sich abgeschlossenen und begrenzten Form eine eigene Existenzform darstellt, die erst möglich wird, wenn die Ebene der instrumentellen, ernsthaften, gewohnheitsmäßigen Beziehung zur Wirklichkeit ihre Dominanz verliert. Der *homo ludens* entspringt dem *homo sapiens* und gebiert den *homo ridens*. Spiel als etwas Überflüssiges, Überlogisches, das die Vernunft des Menschen einschließt und zugleich über sie hinausgeht und damit als Symbol des Menschlichen schlechthin fungiert. Um zum Spiel zu gelangen, muss der Anspruch fallengelassen werden, im Voraus ein bestimmtes Resultat erreichen zu wollen, Spiel ist nur möglich, wenn das Gelingen offen gelassen wird. Spiel als Möglichkeit, dem Ideal der *paupertas* zu folgen, einer Lebenskunst der Antike, die eine Grundhaltung bedeutet, die auf Macht, Ansehen und Besitz zugunsten der Selbstverwirklichung verzichtet. Eine Haltung, die ausprobiert, genießt und eigene Spielregeln schafft und eine Ästhetisierung und Erotisierung des Daseins zur Folge hat. Eine solche Haltung entspricht dem Schiller'schen Grundsatz, dass der Mensch nur dort ganz Mensch ist, wo er spielt. Dabei bezeichnet Müßiggang kein Nichtstun, sondern eine aktive Lebensform, die den Formeln der herrschenden Klasse trotzt. Spielzeit als Auszeit innerhalb der fortlaufenden Zeit, als Weg, Leben in Kunst zu verwandeln und Kunst in Leben, und den Menschen, der nur ein Teil von sich selbst ist, zu sich als Einheit zurückzuführen, indem er bewusst nichts Nützliches oder Verwertbares schafft. Das Spiel beinhaltet die Fähigkeit, sich für *kairos*, den erfüllten Augenblick, bereitzuhalten, indem man der quantifizierten, linearen Zeit der Arbeitswelt entflieht und sich durch produktive Passivität für den erfüllten Augenblick offen erweist. Der spielende Mensch bewegt sich in der Gegenwart, seine Heimat ist eine Utopie. Der spielende Mensch ist unterwegs, nirgends und überall, und lebt im Hier und Jetzt, statt auf das Leben zu warten. Im Spiel eröffnet sich dem Menschen die Gleichgültigkeit gegen die Realität, und durch das Interesse am Schein erfährt er eine Daseinserweiterung. Im Spiel überwindet er die bloß unmittelbar auf den Stoff angewendete Vernunft und tritt ein in jene Reflexion, die das erste liberale Verhältnis des Menschen zum Weltall bildet, das ihn umgibt, wodurch er zum Subjekt einer ästhetischen Vernunft wird. Die Bestimmung der Utopie ist es, Raum zu schaffen für das Mögliche. Im symbolischen Denken des Spiels, der Träume und des Schreibens, entwickelt der Mensch die Fähigkeit, das Universum neu zu erschaffen und umzugestalten. Der spielende und schreibende Mensch vermag sich an die ideale Einheit seines Selbst zu erinnern und diese zu rekonstruieren. Spiel und Schreiben erkunden die Möglichkeiten, die sich durch Zufall und nicht durch Vorentwurf ergeben. Schreiben ist ein Spiel mit Worten, das Sprache und Wirklichkeit verbindet. Spielerisch lassen sich, unter Einbezug von Spieltugenden wie Aufmerksamkeit, Gelassenheit und Konzentration, eine neue Sprache, neue Welten und neues Sein erfinden.

Der schöpferische Mensch

»Jeder Grashalm hat seinen Engel, der sich über ihn beugt und ihm zuflüstert: wachse, wachse.« (Talmud)

Der Mensch ist ein wahrnehmendes, sich erinnerndes, ein denkendes und sich ausdrückendes Wesen, das von Anfang an mit seiner Umwelt in Austausch steht und dessen persönliche Entwicklung zugleich Ausdruck seiner persönlichen Kreativität ist. Die Aufnahme der Welt durch die Sinne, die Verbindung einzelner Wahrnehmungen zu Ganzheiten, das Memorieren bestimmter Erfahrungen, das Herstellen von Verbindungen zwischen den Erfahrungen und der Austausch mit anderen Menschen, das alles sind kreative Tätigkeiten, mit denen Zusammenhänge hergestellt und Bedeutungen kreiert werden. Das Leben des Menschen in der Welt ist eine kreative Auseinandersetzung mit der Welt, bestehend aus Anpassungsleistungen auf der einen und gestaltender Veränderung auf der anderen Seite. Mangelnde Möglichkeiten kreativ zu sein, führen zu einer eingeschränkten Persönlichkeitsentwicklung, so dass es geradezu eine Verpflichtung darstellt, im Menschen die Verbindung zu den schöpferischen Wandlungskräften lebendig zu halten. Versteht man Veränderung durch Gestaltung als Prozess, so besteht die Möglichkeit, diesen Prozess als Ausdruck schöpferischer Impulse zu begreifen, die eine produktive Dialektik zwischen verschiedenen Bewusstseinsstufen anregen und schöpferische Aktivität in Gang setzen. Das Wort kreieren geht zum einen auf den lateinischen Begriff *creare* zurück, was so viel bedeutet wie *Neues schöpfen, erfinden, erzeugen* und damit eine aktive Tätigkeit bezeichnet, zum anderen klingt in dem Begriff das lateinische Wort *crescere* an, was *werden, wachsen* und *wachsen lassen* beinhaltet.

Von der Antike bis zum Mittelalter wurde die individuelle, schöpferische Kraft eines Menschen als von Gott gegeben betrachtet. In der Zeit zwischen Mittelalter und Neuzeit traten in der Auseinandersetzung mit geistigen Schöpfungen zum ersten Mal wissenschaftliche Aspekte in den Vordergrund, während künstlerische Aspekte verblassten. 1890 beschäftigte sich Sir Francis Galton mit der schöpferischen Begabung als Konstrukt und versuchte, den Begriff zu definieren, womit er zugleich den Grundstein für die folgende Intelligenz- und Kreativitätsforschung legte. Die Intelligenzforschung ging davon aus, dass Kreativität und Intelligenz miteinander verknüpft sind und sich bis zu einer gewissen Höhe des Intelligenzquotienten entsprechen, sich aber gegenläufig entwickeln können, je höher der Intelligenzquotient eines Individuums tatsächlich ist. 1900 wurden erste Intelligenzmessungen durchgeführt, die auf einfachen Tests für die muskuläre Leistungsfähigkeit des Einzelnen beruhten. 1957 prägte De Bono den Begriff des *lateral thinking*, der als Begriff des *Querdenkens* in der Psychologie Einzug hielt. 1962 wurde von Getzels und Jackson der Versuch unternommen, Kriterien festzulegen, die den kreativen Menschen als solchen erkennbar machen sollten. Sie kamen auf vier Hauptmerkmale, die sie als kreative, intelligente, moralische und psychologische Fähigkeiten bezeichneten. McKinnon definierte Kreativität als eine Idee, die neu ist und selten von mehreren Menschen zugleich gedacht wird, die jedoch zu verwirklichen ist und der Verbesserung oder der Veränderung dient. Guilford und Mitarbeiter kamen zu einer ähnlichen Definition und bezeichneten Kreativität als jede neue, noch nie da gewesene, von wenigen Menschen gedachte und effektive Methode, ein Problem zu lösen, unter Einbeziehung von Eigenschaften wie Problemsensitivität, Ideenflüssigkeit, Flexibilität und Originalität. Demzufolge ist Kreativität die zeitnahe Lösung für ein Problem mit ungewöhnlichen, vorher nicht gedachten Mitteln und mehreren Möglichkeiten der Problemlösung, die für das Individuum vor der Problemlösung in irgendeiner Weise nicht denkbar war. Dabei stellt Kreativität keine Eigenschaft dar, die entweder vorhanden oder nicht vorhanden ist, sondernKreativität kann vielmehr, bis zu einem gewissen Maß, erlernt und gefördert werden, wobei die Lernfähigkeit unter anderem von Faktoren wie Begabung, Motivation, Neugier, Originalität und Frustrationstoleranz abhängt.

Ähnlich wie der bereits beschriebene kreative Schreibprozess lassen sich der kreative Denkprozess und der kreative Prozess schlechthin in vier Phasen unterteilen. Die erste Phase ist die Präparation, in der das Problem bewusst wird und eine intensive Auseinandersetzung erfolgt, wobei die Entstehung eines kreativen Produkts umso wahrscheinlicher ist, je mehr Wissen in die Präparationsphase eingebracht wird. Es folgt eine Phase der Inkubation, die oft als schöpferische Phase bezeichnet wird, in der das Gehirn am Problem arbeitet, ohne dass dies unmittelbar bewusst werden muss. Nach einer ausreichenden Beschäftigung mit dem Material folgt im gelungenen Fall ein plötzlicher Einfall, der den Denkprozess zu einer Lösung führt, weswegen diese dritte Phase als Illuminationsphase bezeichnet wird. In der vierten Phase, der Verifikation, geht es um die Beurteilung der Brauchbarkeit der Lösung und ihre mögliche Umsetzung. War der kreative Prozess erfolgreich, existiert am Ende eine kreative Lösung, beziehungsweise ein kreatives Produkt, das sich durch seine Neuartigkeit auszeichnet, nützlich und originell ist.

Die Entwicklung des schöpferischen Potentials eines Menschen beginnt bereits vor der Geburt; ab dem dritten Schwangerschaftsmonat existieren sinnliche Wahrnehmungen, so dass der Fötus in der Lage ist, Reize aufzunehmen und seinen Körper nach den Reizen auszurichten, was für die Ausreifung des zentralen Nervensystems von großer Wichtigkeit ist, da sich zu dieser Zeit Nervenfasern zwischen Rezeptoren und Hirnstamm bilden. Die in dieser Zeit gemachten Wahrnehmungen tragen zu einem sensomotorischen und propriorezeptiven Gedächtnis bei, das als Grundlage für die spätere Reifung des Selbst verstanden werden kann. Wahrnehmungen aus der Interaktion mit der Mutter werden gespeichert und tragen sowohl zur kontinuierlichen neuronalen Entwicklung als auch zur Ausbildung eines Selbstempfindens bei. Bei der Geburt ist der Mensch mit einem Überangebot möglicher Verbindungen von Nervenzellen ausgestattet, die erst durch Nutzung und Bestätigung lebenswirksam werden. Durch funktionelle Bestätigung wird die detaillierte Struktur des Gehirns festgelegt, wobei die Möglichkeiten neuer Verknüpfungen umso reicher sind, je breiter die Matrix ist. Ab dem ersten Lebensmonat kann der Säugling aus Geräuschen Lautgestalten bilden, aus visuellen Eindrücken umgrenzte Bilder schaffen und durch perzeptuelle Differenzierung entsteht ein spezifisches Selbst, das die Grundlage des schöpferischen Menschen bildet. Ab dem zwölften Lebensmonat kommt der Sprache zunehmend Bedeutung zu, einzelne Körperteile werden benannt, der Körper wird zum Sprachleib, es entsteht ein verbales Selbst, das schöpferische Potential erweitert sich um die Symbol- und Spracherfahrung. Entscheidend für die Reifung eines schöpferischen Selbst sind frühe Reizangebote, die es ermöglichen, Wahrnehmungsfähigkeiten einzusetzen und zu entwickeln, wobei die Reifung der Wahrnehmungsorgane und die Vernetzung der Wahrnehmungssysteme wichtige Voraussetzungen zur Ausbildung grundlegender schöpferischer Fähigkeiten darstellen. Durch die Erkenntnisse der Säuglingsforschung bestätigt sich die These, dass Kreativität erlernt werden kann und der lebenslangen Förderung bedarf.

Achtsamkeitsübungen

»Man muss die Augen weit offen halten, um die Dinge so zu sehen, wie sie sind; noch weiter offen, um sie anders zu sehen, als sie sind; und noch viel weiter offen, um sie besser zu sehen: besser, als sie sind.«
(Antonio Machado)

Einleitung

Achtsamkeit ist die Fähigkeit, bewusst und ohne Wertung im gegenwärtigen Augenblick, im Hier und Jetzt, zu sein und zu erkennen, dass das Leben eine Folge von Augenblicken ist, in jedem Augenblick stattfindet und so anzunehmen ist, wie es ist, weil es ist. Achtsamkeit ist eine besondere Form der Aufmerksamkeit, ein neutrales Beobachten, ein Wahrnehmen dessen, was in jedem Augenblick ist, eine unter Einsatz aller Sinne stattfindende, intentionslose Konzentration auf das, was ist, ohne etwas verändern zu wollen. Achtsamkeit bedeutet, weder in der Vergangenheit noch in der Zukunft, sondern einzig im gegenwärtigen Augenblick zu sein, das Leben so anzunehmen und zu leben, wie es jetzt ist, und nicht darüber nachzudenken, wie es sein könnte oder sollte. Im Geist der Achtsamkeit sind die Augenblicke weder gut noch schlecht, weder falsch noch richtig, sondern sie sind einfach.

Achtsamkeitsübungen sollen helfen, die Sinne neu zu entdecken und zu beleben. In Schreibgruppen hat es sich bewährt, vor Beginn der Schreibübungen, eine Achtsamkeitsübung durchzuführen, um in Raum und Zeit anzukommen und sich auf die nachfolgenden Schreibübungen einlassen zu können. Achtsamkeitsübungen vor dem Schreiben sind auch jedem zu empfehlen, der alleine schreibt. In diesem Fall kann man die Übungen entweder zuvor lesen und dann imaginieren, sie auf Tonträger sprechen und hören oder kommerziell verfügbare Tonträger verwenden. Nach wiederholter Durchführung der Übungen ist es meist nicht mehr erforderlich, sie zuvor zu lesen oder zu hören.

Einige der folgenden Achtsamkeitsübungen sind scheinbar ähnlich, doch je länger und konzentrierter man sie ausführt, umso deutlicher wird ihre Unterschiedlichkeit, die im Detail liegt, welches zu erkennen die Achtsamkeit lehrt. Die Übungen sind unterschiedlich lang konzipiert, was nicht bedeutet, dass nicht jede Übung in beliebiger Zeitlänge durchgeführt werden kann. Mit zunehmender Erfahrung werden die Übungsphasen in der Regel länger. Die Zeitdauer, mit der man die Übungen durchführt, kann auch von der Tagesform und der damit verbundenen Ruhe oder Unruhe abhängen. Dennoch sollte man sich bei der Durchführung nicht zu sehr von Tagesform und momentaner Stimmung beeinflussen lassen, sondern sich zu Beginn eine feste Übungszeit vornehmen und diese dann einhalten.

Bei der Durchführung der Achtsamkeitsübungen kommt der Körperhaltung eine große Bedeutung zu. Eine achtsame Haltung ist eine Stellung, in der die Atmung ungehindert fließen kann und sich der Übende, sollte er sich selbst von außen betrachten, Respekt entgegenbringen kann. Dies ist wichtig, da die Körperhaltung nicht nur Einfluss auf die Atmung, sondern auch auf die Selbstwahrnehmung hat. Eine achtsame Haltung ist keinesfalls mit einer entspannten Haltung gleichzusetzen, sondern geht im Gegenteil mit einer gewissen Grundspannung und einer damit verbundenen Wachheit und Achtsamkeit einher. Im Folgenden wird die achtsame Haltung nur für die Sitzposition besprochen, da sich diese Position für die Poesietherapie anbietet, prinzipiell lassen sich die Übungen aber auch achtsam liegend, stehend oder gehend durchführen. Für eine achtsame Sitzhaltung sollte man sich möglichst aufrecht auf einen Stuhl setzen, ohne sich anzulehnen, was dazu führt, dass man die eigene Muskelkraft wahrnimmt. Am besten, man stellt sich einen Faden vor, der vom Kopf zur Decke führt, und an dem der Körper in einer flexiblen Mittellage fixiert ist. Beide Füße stehen auf dem Boden, die Hände ruhen auf den Oberschenkeln, wobei die Handflächen zu den Oberschenkeln oder zur Decke zeigen können. Die Augen sind geschlossen oder fixieren einen Punkt in der Ferne. Vor Beginn der Übung empfiehlt es sich, ein paar Mal tief und bewusst ein- und auszuatmen. Wichtig ist ferner, dass man sich während der Übung nicht von Gedanken oder Gefühlen irritieren lässt, sondern diese registriert, sich dennoch weiterhin auf die Atmung konzentriert. Nach Beendigung der Achtsamkeitsübung kommt jeder Teilnehmer gedanklich in seiner eigenen Geschwindigkeit in den Raum zurück und nimmt sich die Zeit, die Dinge um sich herum wieder in Erscheinung treten zu lassen. Mitunter kann es hilfreich sein, sich zu dehnen und zu strecken, um sich für die folgenden Aufgaben bereit zu machen.

Übungsteil

Übung 1
Richten Sie Ihre Aufmerksamkeit auf Ihren Atem. Spüren Sie, wie die Luft in Ihren Körper hinein- und wieder herausströmt. Atmen Sie und machen sich bewusst, dass Sie atmen. Sie müssen weder besonders tief atmen, noch etwas Besonderes spüren. Es gibt kein falsches oder richtiges Atmen. Es geht einzig darum, wahrzunehmen, wie der Atem in Ihren Körper hinein- und wieder heraus-

strömt. Wenn Ihre Gedanken abschweifen, kehren Sie geduldig und sanft zu Ihrem Atem zurück. Einatmen. Ausatmen. Finden Sie Ihren Rhythmus. Immer wieder. Einatmen. Ausatmen. Nichts weiter. Nur atmen. In Ihrem ganz individuellen Rhythmus. Dann atmen Sie ein letztes Mal bewusst ein und aus und beenden die Übung.

Übung 2
Richten Sie Ihre Aufmerksamkeit auf Ihren Atem. Spüren Sie, wie die Luft in Ihren Körper hinein- und wieder herausströmt. Sagen Sie bei jedem Einatmen ruhig und sanft »eins«. Wenn Sie ausatmen, sagen Sie ebenfalls »eins«. Sagen Sie »eins« beim Einatmen und »eins« beim Ausatmen. Versuchen Sie, Ihre ganze Aufmerksamkeit in dieses Wort zu legen. Wenn Ihre Gedanken abschweifen, kehren Sie zurück und sagen »eins«. Dann atmen Sie auf eins ein und zählen beim Ausatmen bis zwei. Einatmen: eins. Ausatmen: eins, zwei. Atmen Sie eine Weile in diesem Rhythmus. Falls Sie mögen, können Sie auf eins einatmen und auf drei ausatmen. Kehren Sie danach wieder zu dem anfänglichen Rhythmus zurück und atmen auf eins ein und auf eins aus. Dann atmen Sie ein letztes Mal bewusst ein und aus und beenden die Übung.

Übung 3
Richten Sie Ihre Aufmerksamkeit auf Ihren Atem. Spüren Sie, wie die Luft in Ihren Körper hinein- und wieder herausströmt. Stellen Sie sich für Ihren Atem eine Farbe vor. Eine, die Ihnen gefällt, oder eine, mit der Sie bestimmte Gedanken verbinden, wie beispielsweise Blau für das Meer oder Gelb für die Sonne. Stellen Sie sich vor, wie Sie mit jedem Atemzug die von Ihnen gewählte Farbe in Ihren Körper atmen. Verfolgen Sie den Weg Ihres farbigen Atems durch die Nase und den Mund in die Luftröhre, in die Lungenflügel, in die Verzweigungen der Bronchien, bis in die Lungenbläschen.

Denken Sie dabei an die Farbe, die Ihr Atem hat. Atmen Sie die Farbe mit jedem Atemzug in Ihren Körper. Spüren Sie, wie die Farbe in Ihren Körper strömt und sich angenehm ausbreitet. Mit jedem Atemzug strömt die Farbe in Ihren Körper und entspannt Ihre Muskeln. Genießen Sie es, ganz von Ihrer Lieblingsfarbe ausgefüllt zu sein. Speichern Sie das angenehme Gefühl, das Ihre Lieblingsfarbe in Ihrem Körper hinterlässt. Dann atmen Sie ein letztes Mal bewusst ein und aus und beenden die Übung.

Übung 4
Richten Sie Ihre Aufmerksamkeit auf Ihren Atem. Spüren Sie, wie die Luft in Ihren Körper hinein- und wieder herausströmt. Fangen Sie an, von eins bis zehn zu zählen. Sobald ein Gedanke auftaucht, unterbrechen Sie das Zählen und fangen wieder bei eins an. Ärgern Sie sich nicht, wenn ein Gedanke kommt und Sie vielleicht nur bis drei oder vier zählen können. Fangen Sie bei jedem Gedanken ruhig und geduldig wieder bei eins an zu zählen. Es kommt nicht darauf an, bis zehn zu zählen, viel wichtiger ist es, dass Sie sich auf das Zählen konzentrieren und, falls nötig, wieder bei eins anfangen. Dann atmen Sie ein letztes Mal bewusst ein und aus und beenden die Übung.

Übung 5
Richten Sie Ihre Aufmerksamkeit auf Ihren Atem. Spüren Sie, wie die Luft in Ihren Körper hinein- und wieder herausströmt. Atmen Sie mit geschlossenem Mund durch die Nase ein und aus. Achten Sie dabei darauf, wie die Luft an den Nasenflügeln vorbeiströmt. Bewegen sich die Nasenflügel beim Atmen, ziehen sich beim Einatmen vielleicht nach innen und blähen sich beim Ausatmen nach außen? Atmen Sie so kräftig durch die Nase, dass die Nasenflügel sich bewegen. Atmen Sie eine Zeit lang auf diese Art und Weise.

Dann atmen Sie wieder normal, ohne Anstrengung, so, wie es Ihnen angenehm ist. Beobachten Sie, wie die Luft durch Ihre Nase hinein- und wieder herausströmt. Dann atmen Sie ein letztes Mal bewusst ein und aus und beenden die Übung.

Übung 6
Richten Sie Ihre Aufmerksamkeit auf Ihren Atem. Spüren Sie, wie die Luft in Ihren Körper hinein- und wieder herausströmt. Richten Sie Ihre Aufmerksamkeit auf Ihren Bauch. Versuchen Sie so zu atmen, dass der Atem in Ihrem Bauch spürbar wird. Achten Sie auf Ihre Bauchdecke, ob sie sich beim Einatmen nach außen wölbt und was beim Ausatmen passiert. Atmen Sie ruhig und beobachten konzentriert Ihre Bauchdecke. Vielleicht ist es Ihnen unangenehm, Ihren Bauch beim Atmen zu spüren. Dann nehmen Sie es wahr, ohne es zu bewerten oder verändern zu wollen. Konzentrieren Sie sich auf das Beobachten. Dann atmen Sie ein letztes Mal bewusst ein und aus und beenden die Übung.

Übung 7
Richten Sie Ihre Aufmerksamkeit auf Ihren Atem. Spüren Sie, wie die Luft in Ihren Körper hinein- und wieder herausströmt. Richten Sie Ihre Aufmerksamkeit auf Ihre Füße. Wie sie auf dem Boden stehen. Spüren Sie die Festigkeit des Bodens, die Sicherheit, mit der Ihre Füße auf dem Boden stehen. Drücken Sie beide Fersen auf den Boden, ohne die Zehen vom Boden zu lösen. Verstärken Sie den Druck und spüren die Kraft Ihrer Fersen. Dann kehren Sie in die Ausgangslage zurück. Jetzt drücken Sie die Fußballen auf den Boden, ohne die Fersen vom Boden zu lösen. Verstärken Sie den Druck und spüren Sie die Kraft Ihrer Fußballen. Dann kehren Sie in die Ausgangslage zurück. Spüren Sie der Kraft Ihrer Fersen und Fußballen nach. Spüren Sie den sicheren Stand Ihrer Füße auf

dem Boden. Dann atmen Sie ein letztes Mal bewusst ein und aus und beenden die Übung.

Übung 8
Richten Sie Ihre Aufmerksamkeit auf Ihren Atem. Spüren Sie, wie die Luft in Ihren Körper hinein- und wieder herausströmt. Richten Sie Ihre Aufmerksamkeit auf Ihren linken Fuß und beobachten, wie er auf dem Boden ruht, welchen Abdruck er im Sand hinterlassen würde. Prüfen Sie, ob die Ferse Kontakt zum Boden hat, ob der Ballen Kontakt hat und wo Hohlräume sind. Spüren Sie, ob Ihr Fuß entspannt oder verkrampft ist. Dann heben Sie den großen Zeh des linken Fußes und setzen ihn wieder ab. Heben Sie ihn ein zweites Mal und beobachten, ob sich die anderen Zehen dabei bewegen und ob sich, nach dem Absetzen, der Abdruck im Sand geändert hat. Richten Sie Ihre Aufmerksamkeit auf Ihren rechten Fuß und beobachten, wie er auf dem Boden ruht, welchen Abdruck er im Sand hinterlassen würde. Prüfen Sie, ob die Ferse Kontakt zum Boden hat, ob der Ballen Kontakt hat und wo Hohlräume sind. Spüren Sie, ob Ihr Fuß entspannt oder verkrampft ist. Dann heben Sie den großen Zeh des rechten Fußes und setzen ihn wieder ab. Heben Sie ihn ein zweites Mal und beobachten Sie, ob sich die anderen Zehen dabei bewegen und ob sich, nach dem Absetzen, der Abdruck im Sand geändert hat. Zuletzt richten Sie Ihre Aufmerksamkeit auf beide Füße und spüren, wie sie auf dem Boden stehen. Dann atmen Sie ein letztes Mal bewusst ein und aus und beenden die Übung.

Übung 9
Richten Sie Ihre Aufmerksamkeit auf Ihren Atem. Spüren Sie, wie die Luft in Ihren Körper hinein- und wieder herausströmt. Richten Sie Ihre Aufmerksamkeit auf Ihren Rücken. Spüren Sie, wie viel Halt

Ihnen Ihr Rücken gibt, wie stark die Wirbelsäule ist, wie kräftig die Muskeln sind. Spüren Sie, wo Verspannungen sind. Wandern Sie den Rücken aufmerksam von oben nach unten und registrieren Verspannungen, ohne sie zu bewerten oder etwas ändern zu wollen. Achten Sie darauf, wie aufrecht Sie sitzen, wo der Rücken Krümmungen aufweist und an welchen Stellen es schwerfällt, eine aufrechte Haltung einzunehmen. Spüren Sie die Kraft in Ihrem Rücken und nehmen Sie ihn als Ganzes, als Einheit wahr. Dann atmen Sie ein letztes Mal bewusst ein und aus und beenden die Übung.

Übung 10
Richten Sie Ihre Aufmerksamkeit auf Ihren Atem. Spüren Sie, wie die Luft in Ihren Körper hinein- und wieder herausströmt. Richten Sie Ihre Aufmerksamkeit auf Ihren Nacken und Ihre Schultern. Nehmen Sie wahr, wie Ihr Nacken den Kopf trägt und ob die Nackenmuskeln angespannt oder entspannt sind oder vielleicht schmerzen. Richten Sie Ihre Aufmerksamkeit auf Ihre Schultern und prüfen, ob diese nach oben gezogen sind oder entspannt nach unten hängen. Ziehen Sie Ihre Schultern bewusst nach oben und lassen Sie sie fallen. Wiederholen Sie den Vorgang dreimal und prüfen dann, ob sich der Spannungszustand Ihrer Schultern verändert hat. Beobachten Sie den Übergang vom Nacken zu den Schultern, die Verbindung von den Schultern zu den Armen. Registrieren Sie, wie perfekt Nacken, Schultern und Arme ineinander übergehen. Dann atmen Sie ein letztes Mal bewusst ein und aus und beenden die Übung.

Übung 11
Richten Sie Ihre Aufmerksamkeit auf Ihren Atem. Spüren Sie, wie die Luft in Ihren Körper hinein- und wieder herausströmt. Richten Sie Ihre Aufmerksamkeit auf Ihr Gesicht. Sind die Muskeln Ihrer

Stirn angespannt? Haben Sie die Augenbrauen nach oben gezogen, spüren Sie Falten auf der Stirn? Sind die Augenlider ruhig und entspannt oder flattern sie? Was ist mit den Wangen, sind sie angespannt oder entspannt? Pressen Sie die Zähne aufeinander, sind die Lippen verkniffen? Öffnen Sie die Lippen und beobachten Sie, was mit der Muskulatur passiert. Nehmen Sie Ihr Gesicht als Ganzes wahr und spüren Sie die Einheit. Dann atmen Sie ein letztes Mal bewusst ein und aus und beenden die Übung.

Übung 12
Richten Sie Ihre Aufmerksamkeit auf Ihren Atem. Spüren Sie, wie die Luft in Ihren Körper hinein- und wieder herausströmt. Fahren Sie mit dem Zeigefinger der rechten Hand langsam über Ihre Oberlippe und konzentrieren sich dabei auf das Gefühl in Ihrer Lippe. Atmen Sie ein paar Mal bewusst ein und aus. Fahren Sie ein zweites Mal mit dem Finger über die Lippe und konzentrieren Sie sich auf das Gefühl im Finger. Gibt es in der Empfindlichkeit Ihrer Lippe und Ihres Fingers einen Unterschied? Haben Sie das Gefühl in beiden gleich lange verspürt? Fahren Sie ein letztes Mal mit dem Finger über die Lippe. Dann atmen Sie ein letztes Mal bewusst ein und aus und beenden die Übung.

Übung 13
Richten Sie Ihre Aufmerksamkeit auf Ihren Atem. Spüren Sie, wie die Luft in Ihren Körper hinein- und wieder herausströmt. Richten Sie Ihre Aufmerksamkeit auf Ihren Scheitel. Wo befindet er sich, in der Mitte des Kopfes, weiter links oder rechts? Wie fühlt er sich an, kalt oder warm? Wandern Sie von Ihrem Scheitel zu Ihren Schläfen. Wie fühlen diese sich an, ist die Haut darüber angespannt oder entspannt? Spüren Sie sonst etwas, ein Pochen oder Ziehen? Befinden sich über Ihren Schläfen Haare oder sind die Schläfen nackt?

Versuchen Sie, die Region um die Schläfen zu entspannen. Welche anderen Muskeln sind beteiligt? Richten Sie Ihre Aufmerksamkeit auf Ihren Hinterkopf. Wie fühlt er sich an, können Sie auch dort Anspannung oder Entspannung spüren? Beobachten Sie, was Sie spüren oder nicht spüren, ohne etwas verändern zu wollen. Dann atmen Sie ein letztes Mal bewusst ein und aus und beenden die Übung.

Übung 14
Richten Sie Ihre Aufmerksamkeit auf Ihren Atem. Spüren Sie, wie die Luft in Ihren Körper hinein- und wieder herausströmt. Richten Sie Ihre Aufmerksamkeit auf die Geräusche im Raum und außerhalb des Raumes. Wenn Sie in einer Gruppe sind, hören Sie vielleicht den Atem der anderen oder Ihren eigenen. Vielleicht hören Sie Geräusche aus dem Nebenraum oder Schritte auf dem Gang. Geräusche von der Straße: Autos, Vogelgezwitscher. Registrieren Sie die Geräusche, ohne sich gestört zu fühlen. Ärgern Sie sich nicht darüber, sondern nehmen Sie sie wahr. Dann atmen Sie ein letztes Mal bewusst ein und aus und beenden die Übung.

Übung 15
Richten Sie Ihre Aufmerksamkeit auf Ihren Atem. Spüren Sie, wie die Luft in Ihren Körper hinein- und wieder herausströmt. Richten Sie Ihre Aufmerksamkeit auf Ihren rechten Fuß. Wandern Sie von den Zehen über den Fuß in den Unter- und in den Oberschenkel. Richten Sie jetzt Ihre Aufmerksamkeit auf Ihren linken Fuß. Wandern Sie von den Zehen über den Fuß in den Unter- und in den Oberschenkel. Wandern Sie vom Becken in den Bauch, in die Brust, in den Hals und in die Schultern. Wandern Sie in den rechten Oberarm, den Unterarm und in die Hand, bis in die Fingerspitzen. Wieder von den Schultern ausgehend, wandern Sie in den linken Oberarm, den Unterarm und in die Hand, bis in die

Fingerspitzen. Dann atmen Sie ein letztes Mal bewusst ein und aus und beenden die Übung.

Übung 16
Richten Sie Ihre Aufmerksamkeit auf Ihren Atem. Spüren Sie, wie die Luft in Ihren Körper hinein- und wieder herausströmt. Erinnern Sie die schönen Augenblicke, die Sie an diesem Tag oder in den letzten Tagen hatten. Wo waren Sie, was haben Sie gemacht, gab es einen besonderen Anlass? Stecken Sie gedanklich für jeden schönen Augenblick eine Bohne in die Hosentasche. Erinnern Sie einen Augenblick und stecken Sie eine Bohne in die Tasche. Nehmen Sie sich dafür die Zeit, die Sie brauchen. Dann atmen Sie ein letztes Mal bewusst ein und aus und beenden die Übung.

Übung 17
Richten Sie Ihre Aufmerksamkeit auf Ihren Atem. Spüren Sie, wie die Luft in Ihren Körper hinein- und wieder herausströmt. Berühren Sie mit dem Zeigefinger der rechten Hand den Daumen der rechten Hand. Üben Sie einen leichten Druck aus und zählen bis drei. Berühren Sie jetzt mit dem Mittelfinger der rechten Hand den Daumen der rechten Hand, üben einen leichten Druck aus und zählen bis drei. Wiederholen Sie das Ganze mit dem Ringfinger und dem kleinen Finger der rechten Hand und machen dann dasselbe mit der linken Hand. Dann atmen Sie ein letztes Mal bewusst ein und aus und beenden die Übung.

Übung 18
Richten Sie Ihre Aufmerksamkeit auf Ihren Atem. Spüren Sie, wie die Luft in Ihren Körper hinein- und wieder herausströmt. Machen Sie einen langen und einen kurzen Atemzug. Machen Sie dreimal hintereinander einen langen und einen kurzen Atemzug. Sobald

ein Gedanke kommt, halten Sie ein Stoppschild hoch und konzentrieren Sie sich wieder auf die langen und kurzen Atemzüge. Kommt ein Gedanke, halten Sie ruhig und gelassen das Stoppschild hoch und konzentrieren sich wieder auf Ihren Atem. Ein langer und ein kurzer Atemzug. Dann atmen Sie ein letztes Mal bewusst ein und aus und beenden die Übung.

Übung 19
Richten Sie Ihre Aufmerksamkeit auf Ihren Atem. Spüren Sie, wie die Luft in Ihren Körper hinein- und wieder herausströmt. Stellen Sie sich vor, Sie stehen an einem Fließband. Neben Ihnen befinden sich zahlreiche Kartons. Sobald ein Gedanke kommt, nehmen Sie einen Karton, packen den Gedanken hinein, verschließen den Karton und stellen ihn aufs Fließband. Bei jedem Gedanken nehmen Sie einen Karton, packen den Gedanken hinein, verschließen den Karton und stellen ihn aufs Fließband. Sie haben ausreichend Kartons und können das Band Tag und Nacht laufen lassen. Nach jedem Gedanken konzentrieren Sie sich wieder auf Ihren Atem. Dann atmen Sie ein letztes Mal bewusst ein und aus und beenden die Übung.

Übung 20
Richten Sie Ihre Aufmerksamkeit auf Ihren Atem. Spüren Sie, wie die Luft in Ihren Körper hinein- und wieder herausströmt. Legen Sie Ihre Hände so auf die Oberschenkel, dass die Handflächen nach oben zeigen. Stellen Sie sich vor, jemand legt ein Licht in Ihre Hände. Spüren Sie, wie Ihre Fingerspitzen das Licht aufnehmen und in Ihren Körper leiten. Spüren Sie den Strom, der von Ihren Fingerspitzen über die Hände in Ihren Körper fließt. Spüren Sie die Wärme und das Kribbeln und überlassen Sie sich dem Gefühl, von Licht und Energie durchströmt zu sein. Dann atmen Sie ein letztes Mal bewusst ein und aus und beenden die Übung.

Imaginationsübungen

»*Ich versetze mich oft in unbewusste Zustände. Dann lasse ich mein Gehirn spielen, ohne Rücksicht auf Resultate, Beifall, und dann wächst dort etwas hervor, woran ich glaube, gerade deshalb, weil es mit der Notwendigkeit gewachsen ist.*« *(August Strindberg)*

Einleitung

Imagination ist die Fähigkeit, Ideen oder Bilder zu entwickeln oder zu erinnern, die materiell nicht vorhanden sind. Im psychotherapeutischen Sinn bezeichnet Imagination das Vermögen, bei wachem Bewusstsein vermittels der Phantasie innere, mentale Bilder zu schaffen und wahrzunehmen und durch das Erleben der mit diesen Bildern gekoppelten Affekte innerseelische Prozesse in Gang zu setzen, die im gelungenen Fall bewirken, dass abgespaltene oder verdrängte psychische Persönlichkeitsanteile ins Bewusstsein integriert werden können. Was man nicht lesen kann, was nicht unmittelbar in den Verstand dringt, sondern im Vor- und Unbewussten liegt, in dem man so wenig direkt lesen kann wie zwischen den eigenen Schulterblättern, dieses nicht direkt zu Lesende, vor dem Verstand Verborgene, das kann man durch Imagination ans Licht locken.

Neben den Achtsamkeitsübungen, bei denen man sich vorwiegend auf den eigenen Körper konzentriert, gibt es Imaginationsübungen, bei denen man eine Art konzentrierte, angeleitete Phantasiereise unternimmt. Oft wird nicht zwischen Achtsamkeits- und Imaginationsübungen unterschieden, zuweilen werden Elemente aus beiden Bereichen miteinander kombiniert, aber letztlich führen beide Formen zu einer erhöhten Aufmerksamkeit und schulen die Achtsamkeit. Achtsamkeitsübungen konzentrieren sich in erster Linie auf den Köper und die Vorgänge im Körper, während Imaginationsübungen über den Körper hinaus und zuweilen aus ihm herausführen. Wie bei den Achtsamkeitsübungen empfiehlt es sich, die Imaginationsübungen in achtsamer Haltung und in immer gleicher, ritualisierter Weise durchzuführen. Zahlreiche Imaginationsübungen eignen sich ebenfalls dazu, direkt ins Schreiben einzusteigen und das während der Imagination Erlebte und Empfundene in Worte zu fassen.

Übungsteil

Übung 1
Richten Sie Ihre Aufmerksamkeit auf Ihren Atem. Spüren Sie, wie die Luft in Ihren Körper hinein- und wieder herausströmt. Stellen Sie sich einen Baum vor. Einen, den Sie kennen, oder einen, den Sie erfinden. Stellen Sie sich vor, in welcher Landschaft der Baum steht. Auf einer Wiese, im Wald, am See. Gehen Sie zu Ihrem Baum, nehmen Sie seinen Stamm wahr, die Rinde, die Zweige und Blätter. Sie können sich an den Baum lehnen oder sich vor ihn setzen. Stellen Sie sich vor, wie das Licht durch die Blätter fällt, wie es sich verändert, wenn die Blätter sich bewegen. Genießen Sie die Wärme des Lichts und die Kraft des Baumes. Nehmen Sie die Kraft, die Wärme und das Licht in sich auf. Dann atmen Sie ein letztes Mal bewusst ein und aus und beenden die Übung.

Übung 2
Richten Sie Ihre Aufmerksamkeit auf Ihren Atem. Spüren Sie, wie die Luft in Ihren Körper hinein- und wieder herausströmt. Stellen

Sie sich vor, Sie sitzen an einem Fluss. Es kann ein schmaler oder breiter Fluss sein, das Wasser kann schnell oder langsam fließen. Im Flussbett liegen vielleicht Steine, vom Ufer ragen vielleicht Gräser oder Wurzeln ins Flussbett. Die Luft riecht nach Frühling, blumig, erdig, vielleicht ein wenig moosig. Das Wasser plätschert beruhigend. Auf dem Wasser treiben Blätter und kleine Holzstücke, über dem Wasser schweben Libellen und Schmetterlinge. Beobachten Sie, wie das Wasser in jeder Minute in seinem Rhythmus fließt. Lassen Sie Ihre Gedanken treiben, wie die Blätter auf dem Wasser. Setzten Sie jeden Gedanken auf ein Blatt und lassen ihn vom Wasser davontragen. Atmen Sie dabei ruhig und in Ihrem Rhythmus. Dann atmen Sie ein letztes Mal bewusst ein und aus und beenden die Übung.

Übung 3
Richten Sie Ihre Aufmerksamkeit auf Ihren Atem. Spüren Sie, wie die Luft in Ihren Körper hinein- und wieder herausströmt. Sie sind in einem angenehm kühlen Wald und machen einen Spaziergang. Es ist ruhig und friedlich. Sie gehen auf einem Waldweg, der Boden ist weich, Ihre Schritte sind federnd und leicht, ab und zu knackt ein Zweig unter Ihren Füßen. Die Luft strömt ungehindert und frisch in Ihre Lungen. In den Baumwipfeln singen Vögel. Zwischen den Blättern scheint die Sonne hindurch, ihr Licht sprenkelt den Boden. Sie fühlen sich frei und geborgen zugleich. Sie atmen tief und ruhig und fühlen sich wohl und entspannt. Dann atmen Sie ein letztes Mal bewusst ein und aus und beenden die Übung.

Übung 4
Richten Sie Ihre Aufmerksamkeit auf Ihren Atem. Spüren Sie, wie die Luft in Ihren Körper hinein- und wieder herausströmt. Sie sitzen auf einer Lichtung im Wald. Es ist eine große Lichtung, und das

Licht fällt ungehindert auf den Platz. Sie machen es sich auf einem großen, glatten Felsbrocken gemütlich und blicken sich um. Die Lichtung ist begrenzt von hohen Bäumen, deren Blätter grün und saftig aussehen. Sie sitzen in der Mitte der Lichtung, beschienen vom Licht und beschützt durch die Bäume. Niemand kann Sie sehen, niemand kann Ihnen etwas tun, die Bäume schützen Sie. Das Licht wärmt Ihr Gesicht und Ihren Körper, macht ihn schwer und müde. Überlassen Sie sich der schützenden Atmosphäre, dem Licht, der Wärme und der Ruhe. Dann atmen Sie ein letztes Mal bewusst ein und aus und beenden die Übung.

Übung 5
Richten Sie Ihre Aufmerksamkeit auf Ihren Atem. Spüren Sie, wie die Luft in Ihren Körper hinein- und wieder herausströmt. Stellen Sie sich vor, Sie sind auf einer Wanderung und kommen an einen Platz zum Ausruhen. Sie legen Ihr Gepäck ab und suchen sich eine Stelle, an der Sie gut sitzen können. Sie fühlen sich leicht und wohl. Das schwere Gepäck steht neben Ihnen. Ihr Rücken, Ihre Schultern und Ihr Nacken entspannen sich. Bleiben Sie eine Weile sitzen und erholen sich. Nehmen Sie dann Ihr Gepäck und prüfen jedes Gepäckstück daraufhin, ob Sie es für die weitere Wanderung noch benötigen. Nehmen Sie nur das mit, was Sie wirklich brauchen, alles andere lassen Sie zurück, vielleicht kommt ein anderer Wanderer, der etwas davon brauchen kann. Nachdem Sie Ihr Gepäck sorgfältig geprüft haben, nehmen Sie es wieder auf und setzen Ihre Wanderung frisch und mit leichtem Gepäck fort. Dann atmen Sie ein letztes Mal bewusst ein und aus und beenden die Übung.

Übung 6
Richten Sie Ihre Aufmerksamkeit auf Ihren Atem. Spüren Sie, wie die Luft in Ihren Körper hinein- und wieder herausströmt. Stellen Sie

sich ein Licht vor, einen Strahl, einen Fleck oder welche Form auch immer Sie mögen. Treten Sie in das Licht hinein und stellen sich vor, wie es Ihre Füße umspült und durch die Füße in Ihren Körper fließt, ihn reinigt, belebt und beruhigt. Stellen Sie sich vor, wie das Licht alle alten und jetzigen Schmerzen und Spannungen aus Ihrem Körper entfernt. Lassen Sie das Licht fließen, durch die Beine, ins Becken, in den Bauch, in den Brustkorb, in die Schultern, in die Arme und in die Hände. Lassen Sie das Licht fließen, durch den Hals, den Nacken, in den Kopf und ins Gesicht. Verweilen Sie einen Augenblick auf diese lichtdurchflutete, gereinigte und belebte Weise. Dann atmen Sie ein letztes Mal bewusst ein und aus und beenden die Übung.

Übung 7
Richten Sie Ihre Aufmerksamkeit auf Ihren Atem. Spüren Sie, wie die Luft in Ihren Körper hinein- und wieder herausströmt. Lassen Sie Bilder in sich aufsteigen von einem Ort, an dem Sie sich wohl und geborgen fühlen. Das kann ein Raum sein, ein Haus, eine Insel oder ein Stern. Es kann auch eine Farbe sein oder ein Ton. Entscheiden Sie, wo und wie Sie sich in diesem Augenblick am wohlsten fühlen. Welche Farben brauchen Sie, um sich geborgen und sicher zu fühlen? Welche Gerüche? Wie viel Licht? Welche Temperatur? Verändern Sie Ihren Ort so lange, bis er für Sie stimmig ist. Es ist Ihr Ort, Sie können verändern, was Sie wollen. Nehmen Sie alles in sich auf und speichern die Farben, Gerüche und Geräusche. Sie können diesen Ort jederzeit aufsuchen und gestalten, wie Sie wollen. An diesem Ort sind Sie absolut sicher, niemand weiß darum, niemand hat Zutritt. An diesem Ort haben Sie allein die Macht. Bevor Sie diesen angenehmen und sicheren Ort verlassen, machen Sie sich klar, dass er nur Ihnen gehört und Sie ihn jederzeit wieder aufsuchen können. Dann atmen Sie ein letztes Mal bewusst ein und aus und beenden die Übung.

Übung 8
Richten Sie Ihre Aufmerksamkeit auf Ihren Atem. Spüren Sie, wie die Luft in Ihren Körper hinein- und wieder herausströmt. Stellen Sie sich eine Kiste vor. Es kann eine einfache Holzkiste sein, eine bemalte Truhe oder eine Schatzkiste. Sie entscheiden, wie Ihre Kiste aussehen soll, es ist die Kiste Ihrer Gefühle und Gedanken. Alle Gefühle und Gedanken, die Sie belasten, können Sie in dieser Kiste lagern. Sie können die Kiste verschließen, damit keiner der Gedanken und Gefühle herauskann, wenn Sie das nicht wollen. Aber Sie haben einen Schlüssel für die Kiste und können jederzeit an Ihre Gedanken und Gefühle heran, falls Sie welche davon brauchen. Suchen Sie für Ihre Kiste einen Ort, der nur für Sie zugänglich ist, und stellen Sie sicher, dass niemand sonst Zugang zu Ihrer Kiste hat. Prüfen Sie noch einmal, ob die Gedanken und Gefühle, die Sie gerade in die Kiste gelegt haben, sicher verschlossen sind und ob Sie alles haben, was Sie brauchen. Sie entscheiden, welche Gedanken und Gefühle in Ihnen sind und welche Sie für eine Zeit lieber in der Kiste lagern. Dann atmen Sie ein letztes Mal bewusst ein und aus und beenden die Übung.

Übung 9
Richten Sie Ihre Aufmerksamkeit auf Ihren Atem. Spüren Sie, wie die Luft in Ihren Körper hinein- und wieder herausströmt. Sicher kennen Sie das: widersprüchliche Gefühle und Gedanken, Situationen, in denen Sie nicht wissen, wie Sie entscheiden sollen. Holen Sie alle Gefühle, Gedanken, Personen und Stimmen an einen Tisch und hören sich an, was sie zu sagen haben. Bitten Sie den Erwachsenen ebenso an den Tisch wie das Kind, den rationalen wie den emotionalen Teil. Laden Sie alle ein, sich zu setzen und ihre Meinung zu äußern. Vielleicht haben Sie eine spezielle Frage oder wollen allen einfach einmal die Gelegenheit geben, sich zu äußern. Sorgen

Sie dafür, dass allen der gleiche Respekt entgegengebracht wird. Hören Sie zu, was alle zu sagen haben. Sie müssen zu keiner Lösung kommen, vielleicht hilft Ihnen das Gesagte zu einem späteren Zeitpunkt bei einer Entscheidung. Bedanken Sie sich bei den Teilnehmern und beenden die Konferenz. Dann atmen Sie ein letztes Mal bewusst ein und aus und beenden die Übung.

Übung 10
Richten Sie Ihre Aufmerksamkeit auf Ihren Atem. Spüren Sie, wie die Luft in Ihren Körper hinein- und wieder herausströmt. Stellen Sie sich vor, Sie sind wieder ein Kind. Es hat geregnet, auf den Straßen und Wegen sind Pfützen. Jetzt scheint die Sonne und spiegelt sich in den Pfützen. Springen Sie mit beiden Füßen in jede Pfütze, die Sie finden. Lassen Sie das Wasser spritzen und kümmern sich nicht darum, dass Ihre Kleider nass und schmutzig werden. Springen Sie von Pfütze zu Pfütze. Springen Sie so lange, wie Sie Lust und Energie haben. Hören Sie erst auf, wenn Sie genug haben. Dann atmen Sie ein letztes Mal bewusst ein und aus und beenden die Übung.

Übung 11
Richten Sie Ihre Aufmerksamkeit auf Ihren Atem. Spüren Sie, wie die Luft in Ihren Körper hinein- und wieder herausströmt. Stellen Sie sich einen klaren Wintermorgen vor. In der Nacht hat es geschneit, Hausdächer, Straßen, Wiesen, Felder und Bäume sind mit einer Schicht reinen, weißen Schnees bedeckt. Die Sonne lässt langsam die ersten wärmenden Strahlen auf die Erde. Sie machen einen Spaziergang in ein Wäldchen, das sich in Ihrer Nähe befindet. Sie sehen es bereits, während Sie darauf zulaufen. Hohe, starke, vom Schnee bedeckte Bäume. Schritt für Schritt gehen Sie darauf zu. Die Luft ist kühl und klar. Spüren Sie, wie die frische Luft Ihre

Lungen füllt. Schritt für Schritt, Atemzug für Atemzug nähern Sie sich dem Wäldchen. Zwischen den Bäumen erscheint ein Weg, den Sie nehmen. Der Weg führt eine Zeit lang durch den Wald und öffnet sich dann auf eine Lichtung, die von hohen, starken Bäumen umgeben ist. Gehen Sie in die Mitte des Platzes und spüren die Geborgenheit und Ruhe, die wärmenden Strahlen der Sonne. Nehmen Sie dieses Bild mit in den Tag. Dann atmen Sie ein letztes Mal bewusst ein und aus und beenden die Übung.

Übung 12
Richten Sie Ihre Aufmerksamkeit auf Ihren Atem. Spüren Sie, wie die Luft in Ihren Körper hinein- und wieder herausströmt. Stellen Sie sich vor, Sie sind an einem Strand, unter Ihren Füßen warmer und weicher Sand, vor Ihnen das Meer. Sie gehen am Wasser entlang und spüren, wie es Ihre Füße umspült. Der Sand unter Ihren Füßen gibt nach und passt sich Ihren Schritten an. Es weht ein leichter Wind und Sie riechen das Meer. Sie setzten sich in den warmen und weichen Sand und strecken die Füße ins Wasser. Die Wellen kommen und gehen in einem beruhigenden Rhythmus. Lassen Sie sich von den Wellen umspülen und von der Sonne wärmen. Überlassen Sie sich ganz dem Meer, dem Wind und der Sonne. Dann atmen Sie ein letztes Mal bewusst ein und aus und beenden die Übung.

Übung 13
Richten Sie Ihre Aufmerksamkeit auf Ihren Atem. Spüren Sie, wie die Luft in Ihren Körper hinein- und wieder herausströmt. Stellen Sie sich einen Berg vor. Es kann ein massiver, großer Berg sein oder ein kleiner Hügel. Der Berg kann einen oder mehrere Gipfel haben, er kann bewaldet oder kahl sein. Betrachten Sie die Basis des Berges, das Gestein, das aus der Erde kommt. Wenn Sie mögen und es einen Weg gibt, gehen Sie ein Stück des Weges den Berg hinauf

oder setzen Sie sich auf eine Bank am Fuß des Berges. Spüren Sie die Kraft und Ruhe des Berges. Dann atmen Sie ein letztes Mal bewusst ein und aus und beenden die Übung.

Übung 14
Richten Sie Ihre Aufmerksamkeit auf Ihren Atem. Spüren Sie, wie die Luft in Ihren Körper hinein- und wieder herausströmt. Stellen Sie sich einen See vor. Er kann groß oder klein sein, das Wasser blau oder grün, die Oberfläche glatt oder gekräuselt. Auf dem Wasser spiegeln sich vielleicht Bäume und Wolken, und wenn Sie wollen, können Sie die Sonne scheinen lassen. Sie sind am Ufer, sitzen auf einer Bank oder stehen am Wasser. Wenn Sie mögen, können Sie die Füße ins Wasser strecken. Sie können auch in den See springen und schwimmen. Wenn Sie mögen, tauchen Sie und sehen, was unter Wasser ist. Nehmen Sie die kühle und klare Kraft des Wassers wahr. Dann atmen Sie ein letztes Mal bewusst ein und aus und beenden die Übung.

Übung 15
Richten Sie Ihre Aufmerksamkeit auf Ihren Atem. Spüren Sie, wie die Luft in Ihren Körper hinein- und wieder herausströmt. Stellen Sie sich ein Feuer vor, ein Lagerfeuer, einen Scheiterhaufen oder ein Kaminfeuer. Sie können das Feuer lodern lassen oder sich eine Glut vorstellen. Sie können das Feuer am Tag oder in der Nacht entzünden und auf die Kontraste zwischen hell und dunkel achten. Nehmen Sie die Wärme des Feuers wahr, achten Sie auf dessen Geruch und die Geräusche, vielleicht ein Knistern oder Knacken. Überlassen Sie sich der Wärme und Geborgenheit des Feuers, nehmen sein Licht in sich auf und speichern seine Kraft und Energie. Dann atmen Sie ein letztes Mal bewusst ein und aus und beenden die Übung.

Übung 16
Richten Sie Ihre Aufmerksamkeit auf Ihren Atem. Spüren Sie, wie die Luft in Ihren Körper hinein- und wieder herausströmt. Sie stehen vor einem Schloss mit Türmen und Erkern. Die Tür, vor der Sie stehen, ist eine schwere Holztür mit einem Messingklopfer. Sie können den Messingklopfer gegen das Holz schlagen oder versuchen, ob die Tür offen ist. In jedem Fall wird man Sie einlassen. Sie treten in eine große Halle, an der Decke hängt ein Kristallleuchter, der ein warmes, gelbes Licht verströmt. In der Halle ist eine angenehme Luft, die Ihnen das Atmen leicht macht. Atmen Sie die frische Luft und lassen die Atmosphäre auf sich wirken. Am Ende der Halle ist eine Wendeltreppe. Sie steigen die Stufen nach oben. Dabei atmen Sie regelmäßig und leicht. Oben angekommen, haben Sie das Gefühl zu schweben. Sie gehen einen Flur entlang, links und rechts sind Türen, und Sie öffnen eine der Türen. Im Raum steht ein Doppelbett, vor dem Fenster ein Schreibtisch. Sie setzen sich an den Schreibtisch und blicken in einen wunderbaren Schlosspark mit Blumen in allen Farben. Sie riechen den Duft und atmen frei und leicht. Dann atmen Sie ein letztes Mal bewusst ein und aus und beenden die Übung.

Übung 17
Richten Sie Ihre Aufmerksamkeit auf Ihren Atem. Spüren Sie, wie die Luft in Ihren Körper hinein- und wieder herausströmt. Stellen Sie sich vor, Sie sind auf dem Fahrrad unterwegs. Mühelos treten Sie in die Pedale und kommen leicht vorwärts. Sie entscheiden, wohin die Fahrt geht. Ob Sie eine gerade Strecke fahren, einen Berg hinauf oder einen Abhang hinunter. Sie spüren den Wind auf Ihrem Gesicht und nehmen die Landschaft wahr, durch die Sie fahren. Vielleicht Wiesen und Felder, Getreide oder Blumen. Vielleicht passieren Sie einen See oder einen Berg. Sie entschei-

den, ob Sie alleine oder in Gesellschaft unterwegs sind und ob Sie jemandem begegnen oder nicht. Lassen Sie sich vom Fahrtwind die Gedanken aus dem Kopf wehen und überlassen Sie sich dem Schwung des Fahrrades. Dann atmen Sie ein letztes Mal bewusst ein und aus und beenden die Übung.

Übung 18
Richten Sie Ihre Aufmerksamkeit auf Ihren Atem. Spüren Sie, wie die Luft in Ihren Körper hinein- und wieder herausströmt. Sie sitzen in einem Zugabteil. Sie können wählen, ob Sie am Fenster oder am Gang sitzen wollen. Regeln Sie die Temperatur im Abteil, wie sie Ihnen angenehm ist, dann lehnen Sie sich in Ihrem Sitz zurück. Welche Geräusche hören Sie, das Rattern der Räder oder gleitet der Zug? Vielleicht hören Sie Stimmen aus dem Nachbarabteil oder auf dem Gang. Was spüren Sie, vibriert es in Ihrem Bauch oder in den Händen? Überlassen Sie sich dem Genuss, aktuell nichts tun zu müssen. Sie dürfen einfach nur sitzen und wahrnehmen, was um Sie herum passiert. Dann atmen Sie ein letztes Mal bewusst ein und aus und beenden die Übung.

Übung 19
Richten Sie Ihre Aufmerksamkeit auf Ihren Atem. Spüren Sie, wie die Luft in Ihren Körper hinein- und wieder herausströmt. Sie sind zum Klettern in die Berge gefahren, vor Ihnen befindet sich eine Felswand und Sie beginnen hinaufzuklettern. Es gibt ausreichend Vorsprünge, an denen Sie sich festhalten können, der Griff Ihrer Hände ist sicher und fest. Ihre Füße stehen gut und sicher. Zudem sind Sie mit einem Seil gesichert. Sie atmen ruhig und gleichmäßig, lösen eine Hand, suchen Halt und lösen erst dann die andere. Griff für Griff, Schritt für Schritt arbeiten Sie sich nach oben. Sie spüren, dass Sie sich auf Ihre Hände und Füße verlassen können.

Langsam und stetig klettern Sie nach oben. Oben angekommen sind Sie stolz, es geschafft zu haben, und ruhen sich eine Weile aus. Dann atmen Sie ein letztes Mal bewusst ein und aus und beenden die Übung.

Übung 20
Richten Sie Ihre Aufmerksamkeit auf Ihren Atem. Spüren Sie, wie die Luft in Ihren Körper hinein- und wieder herausströmt. Stellen Sie sich vor, Sie liegen in einer Hängematte. Wählen Sie für Ihre Hängematte einen Ort, an dem Sie sich gut und sicher fühlen, auf einer Wiese, einem Balkon oder an einem Strand. Nehmen Sie mit, was Sie brauchen, ein Buch, Getränke, Musik, eine Katze. Wenn Sie wollen, können Sie die Hängematte schwingen lassen. Achten Sie auf nichts als das Schwingen. Wenn Sie wollen, stellen Sie sich einen Himmel vor. Blau und wolkenlos vielleicht oder mit Schäfchenwolken. Vielleicht scheint die Sonne. Entscheiden Sie, was Sie brauchen. Das Zwitschern eines Vogels, den Duft eines frischen Apfelkuchens. Bleiben Sie eine Weile in der Hängematte liegen und genießen es, nichts zu tun. Dann atmen Sie ein letztes Mal bewusst ein und aus und beenden die Übung.

Schreibübungen

> *»Ich brauche nichts als ein Stück Papier und ein Schreibwerkzeug, und ich werde die Welt aus den Angeln heben.« (Friedrich Nietzsche)*

Einleitung

Der Vorteil am Schreiben ist, wie Nietzsche schon bemerkte, dass man dafür nichts weiter braucht als ein Stück Papier und einen Stift. Schreiben lässt sich überall: zu Hause, in der Bahn, in der Arbeitspause, im Café, auf der Toilette und natürlich am Tisch. Wichtig ist es, das Schreiben zu ritualisieren, wobei zehn Minuten am Tag ausreichen. Schreibt man zehn Minuten am Tag, schafft man ungefähr eine Seite, was im Jahr 365 Seiten ergibt und somit einen Roman füllen könnte. Zu Beginn schult man das Schreiben am Besten, indem man es an möglichst vielen unterschiedlichen Orten praktiziert, wobei sich mit der Zeit Orte herauskristallisieren, an denen das Schreiben leichter fällt. Es hat sich als vorteilhaft erwiesen, verschiedene Hefte oder Blätter, unterschiedlich farbiges Papier und unterschiedliche Papierformate zur Verfügung zu haben, ebenso wie weiche und harte Bleistifte, Kugelschreiber, Filzstifte, Kreide oder Tusche. Jeder Text sollte mit einem Datum versehen und aufbewahrt werden, auch wenn man ihn für wenig gelungen hält oder beim Schreiben unangenehme Gefühle hatte, die den Wunsch aufkommen lassen, das Papier zu zerreißen. Es dennoch aufzubewahren, hat mehrere Gründe: Zum einen kann man auf diese Weise die eigene Entwicklung verfolgen, die man im Lauf des Schreibens macht, zum anderen kann man die Texte mit zeitlicher Distanz erneut lesen und unter einer anderen Perspektive betrachten und verstehen, wodurch sich neue Ideen und Lösungsansätze offenbaren. Zudem beinhaltet das Aufbewahren der Texte eine Form der Wertschätzung sich selbst und dem eigenen Produkt gegenüber.

Übungsteil

Übung 1
Nehmen Sie ein Blatt Papier und notieren, was Ihnen zum Thema Schreiben einfällt. Die Angst, nicht schreiben zu können, den Unmut, schreiben zu müssen, oder die Lust, schreiben zu dürfen, die Neugier auf das, was Sie schreiben werden – erinnern Sie sich an Ihre ersten und Ihre aktuellen Erfahrungen mit dem Schreiben. Halten Sie positive wie negative Erlebnisse fest und notieren Sie, wie es Ihnen an diesem Tag, in diesem Augenblick, mit dem Schreiben geht.

Übung 2
Nehmen Sie ein Blatt Papier und notieren die Namen der wichtigsten Personen in Ihrem Leben. Notieren Sie die Namen, die Ihnen als erste in den Sinn kommen. Es können Personen sein, zu denen sie aktuell in Beziehung stehen, oder Personen aus Ihrer Kindheit, auch die Namen Verstorbener können Sie notieren, falls diese für Sie wichtig waren oder sind. Lassen Sie sich dafür so viel Zeit, wie Sie brauchen. Betrachten Sie die Namensliste und wählen Sie drei Namen aus, die Ihnen in diesem Augenblick bedeutungsvoll erscheinen. Schreiben Sie diese auf ein Extrablatt und notieren dahinter in Stichpunkten, was Ihnen zu den Menschen einfällt. Betrachten Sie die Notizen und wählen eine Person, mit der Sie sich

beschäftigen wollen. Nehmen Sie ein neues Blatt und schreiben fünfzehn Minuten lang eine Geschichte zu der Person. Die Geschichte muss nicht den Tatsachen entsprechen, Sie sind frei, alles zu notieren, was Ihnen in den Sinn kommt, Wünsche, Phantasien, Gespräche, Begegnungen, Ereignisse, real oder fiktiv.

Übung 3
Lesen Sie folgendes Gedicht zwei Mal langsam und laut:

> »*Hinter den Lippen*
> *Unsagbares wartet*
> *reißt an den Nabelsträngen*
> *der Worte*«
> (Nelly Sachs)

Nehmen Sie ein Blatt Papier und notieren innerhalb von fünf Minuten, was hinter Ihren Lippen darauf wartet, gesagt zu werden. Bemühen Sie sich nicht, einen zusammenhängenden Text zu schreiben oder ein Gedicht, es reichen einzelne Wörter. In einem zweiten Schritt stellen Sie innerhalb von fünf Minuten aus den Wörtern, die Sie geschrieben haben, vier bis fünf Zeilen zusammen. Es kommt nicht darauf an, einen lesbaren Text zu produzieren, ordnen Sie die Wörter so, wie es Ihnen stimmig vorkommt, sei es von der Wichtigkeit, der emotionalen Resonanz, vom Klang oder vom Schriftbild her. Lesen Sie das Geschriebene und achten darauf, was es in Ihnen auslöst, ob es Ihnen möglicherweise neue Erkenntnisse bringt. Diese Übung lässt sich mit jedem Gedicht Ihrer Wahl durchführen. Es ist hilfreich, sich hierfür eine Sammlung von Gedichten anzulegen.

Übung 4
Nehmen Sie ein Blatt Papier und notieren, wie Ihre Stimmung an diesem Tag ist. Beschreiben Sie, wie Ihre Nacht war, was Sie davon in Erinnerung haben, mit welchem Gefühl Sie aufgewacht und

aufgestanden sind. Notieren Sie, was Sie bereits alles erledigt haben und ob sich Ihre Erwartungen für diesen Tag erfüllt haben. Notieren Sie ebenfalls, welche Aufgaben noch vor Ihnen liegen und welche Gefühle das in Ihnen auslöst. Nachdem Sie alles aufgeschrieben haben, lesen Sie es und notieren zwei, drei Gedanken und Gefühle, die sich dazu einstellen, und schreiben in Stichworten dahinter, wie Sie damit umzugehen gedenken. Die Übung lässt sich sowohl am Morgen, als gedankliche Hilfe zur Strukturierung des Tages, als auch am Abend, als Tagesbilanz, durchführen. Versuchen Sie, die Übung ein paar Tage hintereinander zu machen, datieren und verwahren Sie die Texte. Finden Sie heraus, welches Zeitmaß für Sie das Beste ist (zehn bis dreißig Minuten) und ob die Übung für Sie im Alltag hilfreich ist.

Übung 5
Begleiten Sie sich innerhalb der nächsten sieben Tage jeden Tag ganz bewusst zehn Minuten lang, indem Sie sich zehn Minuten achtsam mit sich und Ihrer Umgebung beschäftigen. Führen Sie die Übung an unterschiedlichen Orten und zu unterschiedlichen Zeiten durch und sammeln Sie ein Spektrum an Eindrücken. Sie können in einem Café, in der Straßenbahn oder auf einer Parkbank schreiben, achten Sie auf Geräusche und Gerüche oder beobachten die Menschen um sich herum. Wichtig ist, dass Sie sich ganz bewusst Ihren Wahrnehmungen und Gedanken zuwenden und diese notieren. Es empfiehlt sich, zu diesem Zweck ein Notizbuch und einen Stift mit sich zu führen. Verzichten Sie darauf, das Geschriebene direkt im Anschluss zu lesen, zu zensieren und zu korrigieren, sondern schreiben Sie zunächst sieben Tage lang zehn Minuten und lesen die Texte erst am Ende der Woche. Verfassen Sie dann einen Text darüber, was die Zeilen an Gedanken und Gefühlen in Ihnen auslösen.

Übung 6
Schneiden Sie fünfzehn Wörter aus einer Tageszeitung aus und legen diese mit der Schrift nach unten auf den Tisch. Ziehen Sie ein Wort nach dem anderen und schreiben sie hintereinander auf ein Blatt Papier. Lesen Sie den entstandenen Text und notieren Sie Ihre Gedanken und Gefühle dazu. Fragen Sie sich, warum Sie genau diese Wörter ausgeschnitten haben und ob ihre zufällige Aneinanderreihung vielleicht einen Sinn ergibt.

Übung 7
Diese Übung lässt sich nur in Gruppen durchführen. Alle Teilnehmer schreiben ihr aktuell größtes Problem auf einen Zettel und falten ihn so, dass nicht zu erkennen ist, wer auf welchen Zettel geschrieben hat. Die Zettel werden in der Mitte auf den Tisch gelegt, jeder zieht einen und liest das darauf stehende Problem vor. Nachdem alle Zettel gelesen wurden, können die Teilnehmer entweder etwas zu ihrem eigenen Problem oder zu dem eines anderen Teilnehmers schreiben. Notieren Sie, wie es sich angefühlt hat, das eigene Problem aus einem anderen Mund zu hören, ob es sich dadurch weniger bedrohlich und unlösbar angehört hat. Vielleicht stand auch auf mehreren Zetteln das gleiche oder ein ähnliches Problem, und möglicherweise hat sie das beruhigt oder getröstet. Schreiben Sie zehn Minuten lang einen Text darüber, was die Übung an Gedanken und Gefühlen in Ihnen ausgelöst hat.

Übung 8
Nehmen Sie ein Blatt Papier und notieren das Lieblingsmärchen Ihrer Kindheit. Notieren Sie, was Ihnen von dem Märchen in Erinnerung geblieben ist, was Ihnen daran gefallen hat und was Sie heute davon halten. Dann notieren Sie Ihr aktuelles Lieblingsmärchen. Sollte es dasselbe sein, fragen Sie sich, was Sie noch immer

daran fasziniert, sollte es ein anderes sein, notieren Sie, wie Sie sich den Wechsel erklären.

Übung 9
Nehmen Sie ein Blatt Papier und versuchen, mit zehn Stichworten Ihr Leben zu charakterisieren. Schreiben Sie so spontan wie möglich, ohne darüber nachzudenken, ob diese zehn Worte genau das treffen, was sie empfinden, oder ob es möglicherweise andere Worte gibt, die besser zu Ihnen und Ihrem Leben passen. Arbeiten Sie mit den zehn Worten, die Ihnen an diesem Tag als erste in den Sinn kommen. Betrachten Sie eine Minute lang die zehn Worte, wählen eins aus und schreiben Sie zehn Minuten lang auf, was Ihnen zu diesem Wort einfällt.

Übung 10
Nehmen Sie ein Foto von sich – falls Sie keines haben, blicken Sie in den Spiegel – und versuchen, sich selbst so neutral wie möglich zu beschreiben. Stellen Sie sich vor, Sie wären Journalist und müssten einem Lebewesen von einem anderen Planeten beschreiben, wie Sie aussehen. Versuchen Sie, so genau wie möglich zu sein und keine Wertungen vorzunehmen. Die fremden Lebewesen können nur die Worte hören und mit den Wertungen nichts anfangen. Nehmen Sie sich fünfzehn Minuten Zeit für die Beschreibung und lesen das Porträt. In einem zweiten Schritt notieren Sie, was Sie von dem Menschen halten, den Sie porträtiert haben. Fragen Sie sich, ob Sie ihn gerne kennen lernen würden und was Sie an ihm interessiert oder abschreckt.

Übung 11
Nehmen Sie ein Foto von sich als Kind – falls Sie keines haben, greifen Sie auf Ihre Erinnerungen zurück – und eines von sich als

Erwachsener. Stellen Sie sich vor, das Kind auf dem Foto sei ein fremdes Kind und Sie würden ihm als Erwachsener begegnen. Nehmen Sie ein Blatt Papier und notieren, was das Kind dem Erwachsenen sagen könnte und umgekehrt. Sie können den Text als Dialog verfassen, eine Geschichte oder eine Szene schreiben. Lassen Sie sich dafür so viel Zeit, wie Sie benötigen. Falls Sie mögen, versuchen Sie mehrere Versionen und finden heraus, welche Ausdrucksform Ihnen am leichtesten fällt.

Übung 12
Nehmen Sie ein Blatt Papier, schreiben ein Wort in die Mitte und ziehen einen Kreis darum. Betrachten Sie das Wort und notieren darum weitere, die Ihnen in den Sinn kommen. Ziehen Sie auch um diese einen Kreis und verbinden Sie sie mit dem in der Mitte stehenden Wort. Zeichnen Sie Pfeile an die Verbindungsstriche, je nachdem in welcher Beziehung die Wörter zueinander stehen. Lassen Sie sich von einem Wort aus der auf diese Weise entstandenen Graphik zu Ihrem ersten Satz anregen und schreiben fünfzehn Minuten lang einen Text, ohne nachzudenken, ohne abzusetzen, ohne nachzulesen und ohne korrigierend einzugreifen. Diese Übung wird auch als *Clustering* bezeichnet und ist eng verwandt mit der Methode des *Brainstorming*.

Übung 13
Wie in Übung 12 nehmen Sie ein Blatt Papier, wählen ein Wort, das Ihre Empfindung an diesem Tag am besten wiedergibt, schreiben es in die Mitte und ziehen einen Kreis darum. Dann suchen Sie nach einem Wort, welches das genaue Gegenteil des ersten Wortes ausdrückt. Haben Sie beispielsweise als erstes »Angst« notiert, könnten Sie als Gegenwort »Mut« notieren. Verfahren Sie mit den beiden Wörtern wie in Übung 12 beschrieben und notieren Sie

alle Wörter, die Ihnen zu den beiden in den Sinn kommen, und lassen sich am Ende von einem Wort aus der Graphik zu einem fünfzehnminütigen Text anregen.

Übung 14
Schließen Sie die Augen und versetzen sich in Ihre Kindheit. Lassen Sie alle Erinnerungen, Bilder, Szenen und Gefühle zu, die sich einstellen, bis Sie auf eine Erinnerung stoßen, die Sie besonders in Anspruch nimmt. Nehmen Sie ein Blatt Papier und bilden wie in Übung 12 beschrieben ein Cluster um diese Erinnerung, indem Sie das vorherrschende, mit der Erinnerung verbundene Gefühl benennen und als Kernwort benutzen. Verknüpfen Sie in den folgenden fünf Minuten alle Einzelheiten, an die Sie sich erinnern. Lassen Sie Ihren Gedanken und Gefühlen freien Lauf, und vertrauen Sie darauf, dass ein Wort das nächste nach sich zieht. Rufen Sie sich Geräusche und Gerüche ins Gedächtnis, denken Sie daran, wie die Dinge aussahen, wie sie sich anfühlten. Schreiben Sie anhand der entstandenen Graphik zehn Minuten lang aus der Perspektive des Kindes einen Text in der Gegenwartsform und als Ich-Erzählung. Schreiben Sie so, als wären Sie wieder das Kind und würden das Ereignis gerade in diesem Augenblick erleben. Die nächsten zehn Minuten verwenden Sie darauf, einen zweiten Text über dasselbe Ereignis zu schreiben, dieses Mal aus der Perspektive des Erwachsenen, in der Vergangenheitsform und als Erzählung in der dritten Person. Lesen Sie in der Folge beide Versionen und achten Sie auf die unterschiedliche Intensität der Texte und welche Gefühle die jeweilige Version in Ihnen hervorruft.

Übung 15
Erinnern Sie sich an ein schönes Erlebnis vor längerer Zeit. Nehmen Sie ein Blatt Papier und erzählen das Erlebnis so, als würde

es gerade jetzt stattfinden, in der Gegenwartsform und aus der Ich-Perspektive. Nehmen Sie sich dafür zehn Minuten Zeit. Erzählen Sie möglichst genau, lebendig und unmittelbar. Dann stellen Sie sich vor, Sie sind der Beobachter genau derselben Geschichte, die Sie eben erzählt haben, und erzählen die gleiche Geschichte in der Vergangenheitsform und in der dritten Person. Auch hierfür sollten Sie sich zehn Minuten Zeit nehmen. Lesen Sie beide Texte und notieren, welche Gefühle sie in Ihnen auslösen.

Übung 16
Nehmen Sie einen fremden Text, gleichgültig ob Gedicht, Erzählung, Roman oder Märchen. Nehmen Sie einen Ausschnitt aus dem Text und lesen ihn. Dann legen Sie den Text beiseite und schließen für eine Minute die Augen. Nehmen Sie ein Blatt Papier und schreiben Sie zehn Minuten lang alles auf, was Ihnen zu dem Text einfällt. Gedanken, Gefühle, Erinnerungen, Ideen. Sie können den Text auch umschreiben oder fortsetzen. Sollte es sich bei dem ausgewählten Text beispielsweise um das Ende eines Romans handeln, das Ihnen nicht gefällt, so steht es Ihnen frei, das Ende so umzuschreiben, dass es Ihnen gefällt. Es empfiehlt sich, hierfür eine Sammlung von Texten anzulegen.

Übung 17
Stellen Sie sich vor, Sie haben gerade erfahren, dass Sie nur noch eine Woche zu leben haben. Nehmen Sie ein Blatt Papier und notieren fünfzehn Minuten lang, was Sie in dieser einen Woche machen würden. In Ihrer Phantasie ist alles möglich, Sie können Menschen treffen, auch wenn diese möglicherweise an anderen Orten leben oder schon tot sind. Vielleicht beschäftigt Sie auch der Gedanke an Ihre eigene Beerdigung, wie sie ablaufen und wer kommen wird. Vielleicht entschließen Sie sich auch, eine Reise zu unternehmen,

von der Sie schon lange träumen. Fragen Sie sich nicht, ob das, was Sie vorhaben, realistisch oder bezahlbar ist, notieren Sie einfach, was Sie machen würden, wenn Sie die Möglichkeiten dazu hätten.

Übung 18
Nehmen Sie eine Postkarte, die Ihnen gefällt, eine Kunstpostkarte oder eine Spruchpostkarte oder eine, die Ihnen jemand geschickt hat. Betrachten Sie die Postkarte zwei Minuten lang und notieren dann fünfzehn Minuten lang, was Ihnen dazu einfällt. Am besten Sie legen sich hierfür eine Sammlung von Postkarten an, die Sie stetig erweitern. Karten aus unterschiedlichen Städten und Ländern, in denen Sie waren, oder aus Geschäften, in die Sie gerne gehen. Oder sammeln Sie Karten, die Sie geschickt bekommen. Bitten Sie vielleicht Freunde, Ihnen interessante Karten zu schicken, um Ihren Fundus zu erweitern.

Übung 19
Für den Fall, dass es regnet, haben Sie einen Regenschirm oder eine Regenjacke. Für schlechte Gemütslagen gibt es den Regentagebrief. Der Regentagebrief ist ein Brief, den Sie sich selbst schreiben, an einem Tag, an dem es Ihnen gut geht und Sie Zugang zu Ihren Fähigkeiten haben. Der Brief ist wie eine emotionale Versicherung für die dunkleren Tage und sollte Folgendes enthalten: eine Liste der Dinge, die Sie benötigen, um sich wohl zu fühlen, eine Liste der Menschen, die Ihnen wertvoll sind, eine Liste der Eigenschaften, die Sie an sich selbst mögen, und eine Liste dessen, was Sie in Zukunft noch erleben möchten. Nehmen Sie sich zwanzig Minuten Zeit, lesen Sie den Brief und ergänzen Sie, was Ihnen wichtig scheint. Bewahren Sie den Brief an einem Ort auf, wo Sie ihn leicht finden und bei Bedarf hervorholen können. Vielleicht befestigen Sie ihn auch am Spiegel, am Kühlschrank oder an der Wand neben

Ihrem Schreibtisch, um sich so oft wie möglich daran zu erinnern, was Ihnen wichtig ist.

Übung 20
Nehmen Sie ein Blatt Papier und notieren innerhalb von zehn Minuten, wie Sie selbst sich sehen. Versuchen Sie dabei, möglichst fair zu sein und Schwächen und Stärken zu notieren, ohne sich selbst zu kritisch zu beurteilen. Nehmen Sie ein zweites Blatt Papier und notieren Sie innerhalb von zehn Minuten, was Sie glauben, wie andere Sie sehen. Bemühen Sie sich wieder um eine möglichst faire Darstellung und erinnern Sie sowohl positive als auch negative Einschätzungen. Lesen Sie beide Texte und notieren auf einem dritten Blatt, wie Sie gerne wären, wobei Sie kein überzogenes Ideal im Auge haben sollten, sondern einen realistischen Menschen, vielleicht einen, den Sie kennen und der ein Vorbild für Sie darstellt. Legen Sie in der Folge das erste Blatt, auf dem Sie beschrieben haben, wie Sie sind, und das dritte Blatt, auf dem steht, wie Sie gerne wären, nebeneinander, vergleichen Sie die beiden und fragen sich, wie sehr Sie möglicherweise bereits der Person entsprechen, die Sie gerne wären.

Übung 21
Nehmen Sie ein Blatt Papier und notieren alles, was Sie aktuell wütend macht oder in der Vergangenheit wütend gemacht hat. Notieren Sie außerdem die Namen der Menschen, auf die Sie wütend sind. Notieren Sie dann, was Sie diesen Menschen gerne sagen würden. Denken Sie daran, dass auf dem Papier alles erlaubt ist. Sie dürfen so wütend sein, wie Sie gerade sind, und machen, was Sie wollen. Sollte es Ihnen schwerfallen, über Ihre Wut zu schreiben, notieren Sie, warum es Ihnen schwerfällt. Vielleicht gibt es sogar auf dem Papier eine Art inneren Zensor, der Ihnen

die Wut verbietet. Sollte das der Fall sein, notieren Sie, was er sagt. In einem zweiten Schritt notieren Sie, warum Wut etwas Positives sein könnte. Lesen Sie den Text und schreiben zwei Minuten lang darüber, wie leicht oder schwer Ihnen das Schreiben und Lesen gefallen ist und was es an Gefühlen und Gedanken in Ihnen ausgelöst hat.

Übung 22
Nehmen Sie ein Blatt Papier und notieren alles, was Sie an sich nicht mögen. Nehmen Sie sich dafür so viel Zeit, wie Sie brauchen. Dann nehmen Sie ein neues Blatt Papier und notieren alles, was Sie an sich mögen. Auch hierfür nehmen Sie sich so viel Zeit, wie Sie brauchen. Legen Sie beide Blätter nebeneinander, vergleichen die Länge der Listen und schreiben fünf Minuten lang etwas über die Eindrücke, die beide Listen in Ihnen wachgerufen haben. Datieren Sie die Listen und führen die Übung in regelmäßigen Zeitabständen erneut durch.

Übung 23
Nehmen Sie ein Blatt Papier und notieren die Namen aller Menschen, denen Sie etwas sagen wollen. Es können Menschen aus Ihrem aktuellen Leben sein oder aus der Vergangenheit, aus Ihrem privaten oder beruflichen Umfeld, enge Bezugspersonen oder beinahe Fremde. Wählen Sie dann aus der Liste die Person aus, mit der Ihnen das Gespräch aktuell am dringlichsten erscheint. Nehmen Sie einen neuen Zettel und schreiben den Namen der Person darauf. Versuchen Sie, ein Bild von dieser Person vor Ihrem geistigen Auge aufsteigen zu lassen. Unterhalten Sie sich schreibend fünfzehn Minuten lang mit diesem Menschen. Sie können Fragen stellen oder Vorwürfe machen, sich bedanken oder beklagen, sich

freuen oder ärgern. Wenn Sie fertig sind, legen Sie den Stift beiseite und lesen den Text, ohne etwas daran zu verändern. Vielleicht lässt sich im Anschluss an die Übung ein persönliches Gespräch mit der betreffenden Person führen.

Übung 24
Nehmen Sie ein Blatt Papier und notieren Augenblicke aus Ihrem Leben, in denen Sie das Gefühl hatten, nicht gehört oder verstanden zu werden. Wählen Sie eine der notierten Situation aus und beschreiben Sie möglichst genau, was sich in dieser Situation zugetragen hat. Dann notieren Sie, was Sie glauben, warum Sie nicht gehört oder verstanden wurden. Formulieren Sie möglichst präzise, was Sie sagen wollten, was Ihnen in dieser Situation wichtig war. Möglicherweise können Sie den Text dem potentiellen Adressaten im Nachhinein geben oder vorlesen.

Übung 25
Beschreiben Sie Ihr aktuelles Gefühl. Benutzen Sie hierfür die sechs Primärgefühle: Angst, Wut, Trauer, Freude, Scham und Schuld. Beschreiben Sie, wo genau Sie das Gefühl spüren, im Bauch, im Hals, in den Händen, und wie sich das Gefühl äußert, als Stein, als Kloß, als Zittern. In einem zweiten Schritt notieren Sie, wie Sie sich dem Gefühl entsprechend verhalten müssten. Dann notieren Sie in einem dritten Schritt, was Sie daran hindert, sich so zu verhalten, wie es Ihnen am ehesten entsprechen würde.

Übung 26
Nehmen Sie ein Blatt Papier und beschreiben, welche Rolle Sie innerhalb Ihrer Familie einnehmen. Sie können Ihre Rolle in Ihrer Herkunftsfamilie oder in Ihrer aktuellen Familie beschreiben. Notieren Sie, wie Sie sich selbst innerhalb des Familiensystems erleben

und welche Erwartungen an Sie gestellt werden. In einem zweiten Schritt notieren Sie, welchen Platz Sie innerhalb der Familie gerne einnehmen und wie Sie gerne gesehen und behandelt würden.

Übung 27
Nehmen Sie einen Zettel und notieren alles, was Ihnen aktuell Freude macht oder in der Vergangenheit Freude gemacht hat. Notieren Sie außerdem, was Sie gut können oder glauben zu können und was Sie gerne machen, ohne den Anspruch zu haben, es zu können. Notieren Sie Eigenschaften von sich, die sie mögen. Es müssen keine großartigen Dinge sein, vielleicht haben Sie gerade Ihren Balkon bepflanzt und es hat Ihnen Spaß gemacht, oder die Verkäuferin im Supermarkt hat Sie angelächelt und Sie haben sich darüber gefreut, oder Sie haben jemandem Ihren Parkplatz überlassen und sich in diesem Augenblick großzügig gefühlt. Richten Sie den Blick bewusst auf vermeintlich Selbstverständliches.

Übung 28
Nehmen Sie mehrere Blätter Papier und notieren auf jedem eine mögliche Rolle, die Sie im Leben spielen. Es kann sich dabei um ganz klassische Rollen handeln, Vater und Mutter, Ehemann und Ehefrau, Angestellter und Angestellte, Tochter und Sohn, oder um weniger explizite, eher gefühlte Rollen: die Sanftmütige, der Verzeihende, die Sorgende, der Großzügige, die Aufbrausende, der Missmutige. Es können negative oder positive Rollen sein; Rollen, die Sie sich selbst zuschreiben oder in die Sie von anderen gedrängt werden. Die Rollen können aktuell sein oder aus einer früheren Zeit stammen. Nehmen Sie für jede Rolle, die Sie innehaben, einen eigenen Zettel. Notieren Sie oben auf dem Zettel die Rolle, für die der Zettel steht, und notieren Sie darunter alle Eigenschaften, die mit dieser Rolle verbunden sind. Außerdem können Sie

noch die Namen derjenigen notieren, für die Sie die jeweilige Rolle spielen. Nehmen Sie sich dafür so viel Zeit, wie Sie brauchen. Wenn Sie mit dem Schreiben fertig sind, betrachten Sie die Zettel und notieren, was Sie dabei denken und empfinden.

Übung 29
Nehmen Sie ein Blatt Papier und notieren alles, wofür Sie sich schuldig fühlen oder sich schämen. Notieren Sie zunächst ungeordnet, was Ihnen zum Thema Schuld und Scham einfällt, seien es aktuelle oder vergangene Erlebnisse und Empfindungen. Lesen Sie die Notizen und versuchen Sie herauszufinden, ob es Wiederholungen, Überschneidungen oder Muster gibt. Wählen Sie dann eine Situation aus, die Sie aktuell besonders belastet oder in der Vergangenheit besonders belastet hat. Stellen Sie sich diese Situation möglichst genau vor, nehmen Sie ein neues Blatt Papier und weisen die Schuld und Vorwürfe, die Ihnen in Bezug auf die Situation gemacht werden oder die Sie sich selbst machen, mit klaren Worten zurück.

Übung 30
J. W. Goethe hat geschrieben: »Ich glaube, dass wir einen Funken jenes ewigen Lichtes in uns tragen, das im Grunde des Seins leuchten muss, und welches unsere schwachen Sinne nur von Ferne ahnen können. Diesen Funken in uns zur Flamme werden zu lassen und das Göttliche in uns zu verwirklichen, ist unsere höchste Pflicht.« Nehmen Sie ein Blatt Papier und schreiben Sie über diesen Funken. Fragen Sie sich, ob auch Sie den Funken in sich tragen und ob die Flamme noch brennt oder ob Sie das Feuer haben ausgehen lassen. Versuchen Sie, sich zu erinnern, wann Sie den Funken, die Flamme, zuletzt gespürt haben. Beschreiben Sie möglichst genau, in welcher Situation das war. Finden Sie ein einziges Wort, das den

Funken in Ihnen am besten benennt, und bilden Sie aus diesem Wort ein Cluster wie in Übung 12 beschrieben.

Übung 31
Schließen Sie die Augen und stellen sich eine Farbe vor. Sie sind in einem Raum, der ganz in dieser Farbe ist, Boden, Wände, Decke, alles hat Ihre Farbe. Fragen Sie sich, welches Gefühl die Farbe in Ihnen auslöst, ob sie warm oder kalt ist, einen Geruch oder Geschmack hat und welche Erinnerungen, Gedanken und Gefühle sie auslöst. Bleiben Sie ein paar Atemzüge lang in dem Raum Ihrer Farbe sitzen. Dann öffnen Sie die Augen und schreiben Sie, was Sie in dem Raum mit Ihrer Farbe erlebt, gefühlt und gedacht haben und warum Sie diese Farbe als Ihre bezeichnen.

Übung 32
Die Begegnung mit welchen Menschen hat Sie aktuell oder in der Vergangenheit am meisten beeindruckt. Wählen Sie gedanklich eine Begegnung aus und notieren Sie, was Sie an dem Menschen, dem Sie begegnet sind, am meisten beeindruckt hat. Beschreiben Sie, wie die Begegnung verlaufen ist, wo sie stattgefunden hat, was Sie empfunden haben. Notieren Sie, in welcher Stimmung Sie waren, welche Geräusche und Gerüche, welches Licht geherrscht hat. Beschreiben Sie so genau wie möglich, entscheidend ist Ihre Erinnerung und nicht, ob die Erinnerung den Fakten entspricht. In einem zweiten Schritt notieren Sie, welchem Menschen Sie in Zukunft gerne begegnen würden und unter welchen Umständen die Begegnung verlaufen sollte, an welchem Ort, zu welcher Jahreszeit, in welcher Stimmung. Schmücken Sie die Begegnung aus und beschreiben Sie, wie dieser Mensch sich Ihnen gegenüber verhalten sollte. Lassen Sie Ihrer Phantasie freien Lauf. Sie können die Begegnung gestalten, wie Sie wollen, sie ist rein

fiktiv, alles ist erlaubt, um es für Sie zu einer einmaligen Begegnung werden zu lassen.

Übung 33
Beschreiben Sie einen Sommertag, den Sie erlebt haben, oder einen, den Sie gerne erleben würden. Beschreiben Sie den Ort, an dem Sie den Tag erlebt haben oder erleben wollen. Beschreiben Sie, wie der Himmel ist, sonnig, schattig, wolkig, welche Temperatur herrscht, welche Gerüche Sie wahrnehmen, ob Menschen oder Tiere anwesend sind, ob Stimmen oder Geräusche zu hören sind und was Sie selbst machen: auf einer Bank sitzen, spazieren gehen oder Rad fahren. Notieren Sie alles, was Ihnen zu diesem speziellen Sommertag in den Sinn kommt. In einem zweiten Schritt beschreiben Sie analog dazu einen Wintertag. Verfahren Sie dabei ähnlich konkret und sinnlich, wie bei der Beschreibung des Sommertages.

Übung 34
Schreiben Sie die Buchstaben Ihres Vor- und Nachnamens untereinander auf ein Blatt Papier. Notieren Sie hinter jedem Buchstaben ein Wort, das Ihnen spontan einfällt. Fügen Sie die untereinanderstehenden Worte zu einem Satz, in der Reihenfolge, wie sie von oben nach unten hinter den Anfangsbuchstaben Ihres Namens stehen. Lesen Sie den Satz, schließen Sie die Augen und warten Sie, was sich für Gedanken und Gefühle einstellen, und notieren diese. Lesen Sie den auf diese Weise entstandenen Text und fragen sich, was er mit Ihnen und Ihrer aktuellen Situation zu tun hat.

Übung 35
Schreiben Sie den ersten Satz, der Ihnen spontan in den Sinn kommt, auf ein Blatt Papier. Es kann ein vermeintlich banaler

oder zunächst unsinnig erscheinender Satz sein, machen Sie sich darüber keine Sorgen. Lesen Sie den Satz und schließen die Augen. Den nächsten Satz, der Ihnen in den Sinn kommt, notieren Sie ebenfalls, lesen ihn und schließen erneut die Augen. Fahren Sie damit fort, bis fünf Sätze auf dem Papier stehen. Die Sätze müssen nicht zusammenpassen oder logisch aufeinander folgen, es können ganz verschiedene Sätze sein. Lesen Sie den auf diese Weise entstandenen Text und achten darauf, welche Gefühle und Gedanken er auslöst.

Übung 36
Stellen Sie sich eine Landschaft oder einen Ort vor, zu dem Sie eine besondere Beziehung haben. Es kann ein Ort sein, den Sie kennen, oder einer, an den Sie gerne einmal reisen würden, oder ein fiktiver. Schließen Sie die Augen und stellen Sie sich diesen Ort vor. Benutzen Sie alle Sinne und stellen Sie sich vor, wie es an diesem Ort riecht, ob es warm oder kalt ist und welche Geräusche zu hören sind. Nachdem Sie ein Bild von diesem Ort haben, notieren Sie, was Sie gesehen, gedacht und gefühlt haben.

Übung 37
Schreiben Sie alles auf, was Sie können, auch Dinge, die Ihnen selbstverständlich vorkommen. Lassen Sie sich Zeit und ergänzen die Liste um Fähigkeiten, die Sie einmal hatten und von denen Sie nicht sicher sind, ob sie Ihnen noch zur Verfügung stehen. Nehmen Sie einen andersfarbigen Stift und unterstreichen alles, was Ihnen mühelos gelingt. Nehmen Sie ein zweites Blatt Papier und notieren Ihr aktuell größtes Problem. Legen Sie die beiden Blätter nebeneinander und fragen sich, ob eine oder mehrere der notierten Fähigkeiten Ihnen bei der Lösung des Problems helfen könnten. Schreiben Sie die Fähigkeiten, die Ihnen helfen

könnten, unter das Problem und notieren Sie, welche Fähigkeiten Sie zusätzlich bräuchten und wie Sie diese erlangen könnten. Als Letztes notieren Sie die Namen der Menschen, die Ihnen bei der Lösung des Problems oder beim Erwerb der nötigen Fähigkeiten helfen könnten.

Übung 38
Notieren Sie die ersten fünf Sätze, die Ihnen spontan in den Sinn kommen. Dann schreiben Sie zu jedem Satz einen Gegensatz. Wenn Sie beispielsweise geschrieben haben: Heute Morgen fiel es mir schwer aufzustehen, schreiben Sie als Gegensatz: Heute Morgen fiel es mir leicht aufzustehen. Dann lesen Sie beide Texte hintereinander.

Übung 39
Beschreiben Sie in zehn Sätzen, wie Ihr Leben bis zu diesem Tag verlaufen ist. Es können Sätze über Ihren Beruf, Ihre Familie oder Ihre Freizeit sein oder solche, die Ihr Lebensgefühl in den unterschiedlichen Phasen Ihres Lebens wiedergeben. Schreiben Sie den Text zunächst in der Vergangenheitsform. In einem zweiten Schritt nehmen Sie den Text und schreiben ihn in der Zukunftsform. Lesen Sie den auf diese Weise entstandenen Text und fragen sich, ob Ihnen dieses Leben in der Zukunft gefallen würde.

Übung 40
Sie haben von einer Fee für vierundzwanzig Stunden einen Umhang bekommen, der Sie unsichtbar macht. Sie können gehen, wohin Sie wollen, und machen, was Sie wollen. Niemand wird Sie bemerken, niemand wird Sie für irgendetwas zur Rechenschaft ziehen. Beschreiben Sie, was Sie innerhalb von vierundzwanzig Stunden mit einem solchen Umhang machen würden.

Übung 41
Notieren Sie die wichtigsten Sätze, die Ihre Eltern zu Ihnen gesagt haben. Möglicherweise Sätze wie: »Von Nichts kommt Nichts.« »Der Ton macht die Musik.« »So lange du deine Füße unter meinen Tisch stellst.« »Erst die Arbeit, dann das Vergnügen.« »Das schaffst du nie.« Notieren Sie alle Sätze, die Ihnen einfallen, und fragen sich, ob diese heute noch wirken, welche Sätze Sie sich selbst sagen. In einem zweiten Schritt notieren Sie die Sätze, die Sie Ihren Kindern sagen, falls Sie welche haben, oder sagen würden, wenn Sie welche hätten.

Übung 42
Erinnern Sie sich daran, was Ihnen als Kind Vergnügen bereitet hat: auf Bäume klettern, Drachen fliegen lassen, einen Staudamm bauen, ein Baumhaus konstruieren, sich auf dem Dachboden verstecken, in Pfützen springen oder Kissenschlachten. Notieren Sie alles, was Sie als Kind gemacht haben oder gerne gemacht hätten, und fragen Sie sich, was Sie daran hindert, es heute zu machen.

Übung 43
Nehmen Sie ein Blatt Papier und legen Sie zwei Spalten an, eine für positive und eine für negative Erinnerungen und Gefühle. Notieren Sie die Erinnerungen und Gefühle, ohne sie zu bewerten oder zu gewichten. Nachdem Sie die beiden Spalten angelegt haben, unterstreichen Sie in der positiven Spalte, was auf Sie noch heute einen positiven Einfluss hat und was Sie an Positivem wieder aktivieren wollen. Wenn Sie mögen, fügen Sie eine dritte Spalte hinzu, für die Dinge, die Ihnen beim Bearbeiten und Lesen des Textes in den Sinn kommen, die Sie in Zukunft an Positivem machen könnten, was in Ihrer ersten positiven Spalte noch nicht steht.

Übung 44
Stellen Sie sich vor, Sie stehen vor einer unüberwindbaren Wand oder sind in einem Zimmer eingesperrt. Sie können nicht über die Mauer, in dem Zimmer ist keine Tür, kein Loch und kein Fenster. Der einzige Weg hinter die Mauer oder aus dem Zimmer führt durch die Mauer, beziehungsweise durch die Wand des Zimmers. Beschreiben Sie, wie Sie durch die Mauer oder Wand kommen.

Übung 45
In der Medizin ist ein neues Superheilmittel entwickelt worden. Sie selbst sind einer der Wissenschaftler, die das Medikament erdacht und entwickelt haben. Beschreiben Sie, was das Medikament alles kann, wem man es geben kann und was es bewirkt, direkt bei der Einnahme und auch auf lange Sicht; ob es nur in der Gegenwart wirkt oder auch in der Vergangenheit und Zukunft.

Übung 46
Stellen Sie sich Ihre Person als ein Haus vor und beschreiben Sie, wie groß das Haus ist, wie alt, wie stabil die Mauern sind, wie viele Stockwerke und Zimmer das Haus hat. Fragen Sie sich, ob es unbekannte Zimmer gibt, die Sie noch nie betreten haben, einen Keller oder einen Dachboden. Nehmen Sie das aktuell beschriebene Haus nicht als endgültige Beschreibung von sich als Person, Sie können das Haus jederzeit umbauen oder renovieren. Überlegen Sie, was an dem Haus so bleiben soll, wie es ist, und was Sie verändern wollen. Sie sind der Bauherr und können jederzeit Veränderungen vornehmen, die Ihnen wichtig und sinnvoll erscheinen.

Übung 47
»Die ganze Welt ist voll von Sachen, und es ist wirklich nötig, dass jemand sie findet« (Pippi Langstrumpf). Nehmen Sie ein Blatt Pa-

pier und notieren Sie, was Sie gerne finden würden, ob es in der Welt oder in Ihnen einen Schatz gibt, der nur darauf wartet, entdeckt zu werden. Beschreiben Sie, wie ein solcher Schatz aussehen könnte, und was Sie machen könnten, um an ihn zu kommen. Fragen Sie sich, ob Ihnen bei der Bergung des Schatzes jemand helfen könnte und welche Hilfsmittel Sie bräuchten.

Übung 48
In einem Eisenbahnabteil fahren drei Menschen, die sich nicht kennen. Nach einer Stunde Fahrt steht einer auf, ohrfeigt einen anderen und verlässt das Abteil. Beschreiben Sie, wer die drei Menschen sind, woher sie kommen und wohin sie wollen. Phantasieren Sie, was zu der Ohrfeige geführt haben, was ihr vorausgegangen sein könnte und ob die Ohrfeige möglicherweise etwas mit der Vergangenheit der Personen zu tun haben könnte. Schreiben Sie zu den drei Personen und der Begebenheit im Zug eine kurze Erzählung.

Übung 49
Zwei Menschen steigen in einen Fahrstuhl, die Türen schließen sich, der Fahrstuhl setzt sich in Bewegung. Plötzlich gibt es einen Ruck, der Fahrstuhl steckt fest. Beschreiben Sie, wer die beiden Personen im Fahrstuhl sind. Überlegen Sie, in welchem Gebäude und in welcher Stadt sich der Fahrstuhl befindet und was die beiden Personen in diesem Gebäude machen. Phantasieren Sie, wie sich die beiden Personen verhalten, als der Fahrstuhl steckenbleibt. Fragen Sie sich, wie lange der Fahrstuhl feststeckt und was in dieser Zeit passiert. Schreiben Sie eine kurze Erzählung zu der Begebenheit.

Übung 50
Stellen Sie sich ein Haus oder eine Wohnung mit mindestens zwei Zimmern vor. In einem Zimmer steht ein Tisch, in dem anderen

ein Bett. Lassen Sie die beiden Möbelstücke einen fiktiven Dialog miteinander führen. Lassen Sie den Tisch beispielsweise erzählen, welche Personen schon alles an ihm gesessen und was sie gemacht haben oder wie er an diesen Platz gekommen ist und wo er vorher stand. Versuchen Sie, aus der Perspektive des Tisches zu erzählen, was er gedacht und gefühlt hat, wenn bestimmte Menschen an ihm saßen oder wenn er lange nicht benutzt wurde. Verfahren Sie ebenso mit dem Bett und erzählen, wer schon alles darin geschlafen hat und wer aktuell darin schläft. Erzählen Sie, was das Bett alles erlebt hat. Die Möbelstücke können sich auch Fragen stellen, sie können erzählen, in welchen Haushalten und Ländern sie waren und was sie bei den Umzügen erlebt haben. Möglicherweise erzählen sie auch von Abschieden oder Verkäufen unter Wert. Schalten Sie den inneren Zensor aus, der sagt, dass Möbelstücke weder Empfindungen noch Erinnerungen haben und nicht sprechen können. Ihrer Phantasie sind keine Grenzen gesetzt.

Übung 51
Versuchen Sie, sich zu erinnern, wann Sie zum ersten Mal im Leben mit dem Tod konfrontiert wurden. Notieren Sie alles, was Ihnen dazu einfällt. Wer damals starb, wie alt Sie selbst waren, was Sie gedacht und gefühlt, wie Sie reagiert haben. In einem zweiten Schritt notieren Sie Ihre aktuelle Einstellung zum Tod, ob Sie glauben, dass mit dem Tod alles zu Ende ist oder dass es danach weitergeht. Vielleicht schreiben Sie über Ihre eigene imaginierte Beerdigung, wer kommen sollte und ob Sie sich ein Fest wünschen. Achten Sie darauf, welche Gefühle und Gedanken durch die Beschäftigung mit dem Tod in Ihnen ausgelöst werden, und notieren Sie diese.

Übung 52
Betrachten Sie Ihr Leben als Roman. Überlegen Sie, welche Kapitel der Roman Ihres Lebens hat. Beginnen Sie mit dem Kapitel

der Geburt und geben Sie den einzelnen Stationen Ihres Lebens Überschriften. Notieren Sie die Überschrift, die das aktuelle Kapitel Ihres Lebens haben könnte, und überlegen Sie, wie das nächste Kapitel lauten könnte. Fragen Sie sich, welche Kapitel in Ihrem künftigen Leben unbedingt noch vorkommen sollten und ob es so etwas wie einen roten Faden in Ihrem Leben gibt, ob Sie möglicherweise ein Motto für Ihr Leben finden. Notieren Sie dann zu jeder Kapitelüberschrift zwei bis drei Sätze.

Übung 53
Eine Fee kommt zu Ihnen und sagt, dass Sie drei Wünsche frei haben. Notieren Sie die Wünsche, die Sie der Fee nennen würden, und fragen Sie sich, wie alt diese Wünsche sind, wie lange Sie diese schon mit sich herumtragen. In einem zweiten Schritt notieren Sie, was es bräuchte, um Ihre Wünsche zu verwirklichen, und was Sie selbst zur Verwirklichung beitragen könnten. Notieren Sie Ihre bisherigen Erfahrungen mit Wünschen, ob diese sich verwirklicht haben oder ob Sie in der Vergangenheit eher enttäuscht wurden. In einem dritten Schritt beschreiben Sie, was sich in Ihrem Leben verändern würde, sollten sich die Wünsche erfüllen.

Übung 54
Notieren Sie eine Woche lang jeden Tag, was Ihnen in Ihrem bisherigen Leben Freude gemacht oder geholfen hat, mit schwierigen Situationen und Gefühlen besser fertig zu werden. Nach dieser Woche nehmen Sie eine Karteikarte und übertragen von den Zetteln alles, was Sie in der kommenden Woche davon wieder machen wollen. In dieser zweiten Woche, in der Sie ausprobieren, was Ihnen noch immer Freude macht, notieren Sie alles, was Ihnen hilft, und verwahren die Notizen für die Zukunft, um sie zu Rate zu ziehen, wenn Sie in einer schwierigen Situation oder

niedergestimmt sind. Wenn Ihnen die erste Sache, die Sie machen, nicht gleich hilft, versuchen Sie es mindestens mit einer weiteren und verfeinern auf diese Weise Ihre Notizen, die Sie in Zukunft als eine Art Notfallnotizen für schwierige Situationen und Gefühle bei sich tragen.

Übung 55
Notieren Sie in einer ersten Zeile ein Wort, in der zweiten Zeile zwei Wörter, in der dritten drei, in der vierten vier und in der fünften und letzten Zeile wieder ein einziges Wort. Beginnen Sie in der ersten Zeile mit einem Wort für etwas, das Sie aktuell beschäftigt. Schreiben Sie dieses Wort, Substantiv oder Adjektiv, hin und lassen Sie sich Zeit, die Wörter in den folgenden Zeilen zu notieren. Sie müssen in keinem erkennbaren Zusammenhang zu dem ersten Wort stehen, überlassen Sie sich ganz den Wörtern, die Ihnen in diesem Augenblick in den Sinn kommen. Lesen Sie die auf diese Weise entstandenen Wörter und achten darauf, welche Gefühle und Gedanken sie in Ihnen auslösen und notieren diese.

Übung 56
Ein Kuss ist eine der intensivsten Begegnung zwischen zwei Menschen. Versuchen Sie, sich zu erinnern, wann und wen Sie das letzte Mal geküsst und was Sie dabei gefühlt und gedacht haben. Vergegenwärtigen Sie sich, wie der Kuss geschmeckt hat und wie lange Sie den Kuss auf Ihren Lippen gespürt haben. Erinnern Sie sich, was zu dem Kuss geführt hat und was nach dem Kuss passiert ist. Notieren Sie alles, was Ihnen dazu einfällt. In einem zweiten Schritt versuchen Sie, sich zu erinnern, wann Sie das erste Mal in Ihrem Leben überhaupt geküsst haben, und notieren wieder alles, was Ihnen zu diesem ersten Kuss Ihres Lebens einfällt.

Übung 57
Versetzen Sie sich in einen möglichst entspannten Zustand, schließen die Augen und beobachten, was in Ihrem Kopf und Bauch passiert. Vermeiden Sie jede Anstrengung, versuchen Sie nicht, Ihre Gedanken und Gefühle zu beeinflussen, sondern registrieren nur, was da ist und was kommt. Dann denken Sie an sich als Kind zurück und halten das erste Erlebnis fest, das Ihnen in den Sinn kommt und wichtig scheint. Wenn Sie die erste Erinnerung von sich als Kind zu fassen bekommen haben, warten Sie, was weiter passiert. Lassen Sie sich so viel Zeit, wie Sie brauchen, dann öffnen Sie die Augen und notieren, was Sie erlebt haben. Notieren Sie alles, was Ihnen in den Sinn kommt, so lange, bis der Strom der Bilder, Gedanken und Gefühle abbricht. Lesen Sie den Text, nehmen ein neues Blatt Papier und notieren, welche Gedanken und Gefühle der Text in Ihnen ausgelöst hat, welche Stimme aus dem Text heraus spricht, die eines Erwachsenen oder die eines Kindes.

Übung 58
Schreiben Sie zu den folgenden drei Worten einen Text: Himbeermarmelade, Wiese, Maria. Schließen Sie die Augen, bevor Sie mit dem Schreiben anfangen, und lassen die drei Wörter auf sich wirken. Notieren Sie, was Ihnen einfällt, ohne den Anspruch, einen gelungenen oder fertigen Text produzieren zu wollen.

Übung 59
Schreiben Sie auf ein Blatt Papier folgenden Satz: »Wer bin ich?« Versuchen Sie, den Satz zu beantworten. Denken Sie daran, dass die Frage nicht lautet, was Sie machen oder wer Sie für die anderen sind, sondern wer Sie in Ihrem Innersten sind. Falls es Ihnen schwerfällt, diese Frage zu beantworten, beschreiben Sie, warum es Ihnen schwerfällt. Verwahren Sie den Text und wiederholen die

Übung an den folgenden sechs Tagen. Versehen Sie die Texte mit Datum und lesen Sie sie am Ende der Woche, in der Reihenfolge, in der Sie die Texte geschrieben haben. Dann notieren Sie die Ideen, die Ihnen beim Lesen in den Sinn gekommen sind.

Übung 60
Nehmen Sie eine Uhr. Wenn Sie eine Stoppuhr mit Signal haben, stellen Sie darauf genau zwei Minuten ein. Bei einer normalen Uhr beginnen Sie mit dem Schreiben, sobald der Sekundenzeiger auf der Zwölf steht, und schreiben genau zwei Minuten lang. Halten Sie nicht inne, lesen Sie nicht nach und korrigieren Sie nicht. Schreiben Sie so schnell wie möglich und hören Sie nach genau zwei Minuten damit auf, mitten im Satz, mitten im Wort.

Übung 61
Nehmen Sie ein Blatt Papier und notieren drei Höhepunkte Ihres Lebens. Falls Sie das Gefühl haben, dass es in Ihrem Leben keine Höhepunkte gab, notieren Sie drei Meilensteine oder Wendepunkte. Dann wählen Sie einen der Punkte aus und schreiben fünfzehn Minuten lang einen Text dazu.

Übung 62
Stellen Sie sich ein Theater vor: Auf der Bühne ist es dunkel, hinter dem Bühnenvorhang sehen Sie einen Lichtschimmer. Sie gehen die Stufen zur Bühne hinauf, überqueren sie und treten in eine Kleiderkammer. Niemand ist in der Kammer, auf zahlreichen Ständern hängen viele verschiedene, prunkvolle Kostüme. Schreiben Sie, wie Sie sich verhalten, was Sie von diesem Augenblick an machen würden.

Übung 63
Notieren Sie zehn Minuten lang, was Sie Unmögliches wollen. Alles ist erlaubt, wie phantastisch es auch sein mag. Versuchen Sie, Ih-

ren Verstand auszuschalten; es geht um Unmögliches, sozusagen ein Freibrief für Ihre Phantasie. In einem zweiten Schritt nehmen Sie ein neues Blatt Papier und schreiben einen fiktiven Dialog zwischen der Stimme der Vernunft und der Stimme, die lauter Unmögliches will. Scheuen Sie nicht vor einem Streitgespräch zurück, lassen Sie beide Gesprächspartner so emotional werden, wie Sie wollen.

Übung 64
Nehmen Sie ein Fremdwörterbuch oder einen Duden, suchen ein Wort aus, das Ihnen vom Klang her gefällt oder das Sie neugierig macht. Es sollte ein Wort sein, dessen Bedeutung Sie nicht kennen. Lesen Sie nicht die Erklärung dazu, sondern notieren Sie das Wort auf einem Blatt Papier und beschreiben Sie, was es bedeuten könnte.

Übung 65
Machen Sie eine Zeitreise zurück in das Jahr, in dem Sie fünf Jahre alt waren. Versuchen Sie, sich zu erinnern, wo und mit wem Sie gewohnt haben, ob Sie im Kindergarten waren und Freunde hatten. Versuchen Sie, sich zu vergegenwärtigen, was Sie gespielt, gedacht und gefühlt haben. Vielleicht erinnern Sie sich an bestimmte Gerüche oder Ihr Lieblingsessen. Notieren Sie alle Details, die Ihnen einfallen, und lassen Sie sich dafür so viel Zeit, wie Sie brauchen.

Übung 66
Um die Phantasie und den Schreibprozess in Gang zu setzen, kann es hilfreich sein, sich fremder Texte zu bedienen. Nehmen Sie einen Textabschnitt aus einem Ihrer Lieblingsbücher und schreiben ihn ab. In einem zweiten Schritt schreiben Sie den Text fort oder schreiben einen eigenen, falls der Text Sie angeregt hat. Legen Sie

sich hierfür eine Textsammlung zu. Beispiel: »Den 20. Jänner ging Lenz durchs Gebirg. Die Gipfel und hohen Bergflächen im Schnee, die Täler hinunter graues Gestein, grüne Flächen, Felsen und Tannen. Es war nasskalt; das Wasser rieselte die Felsen hinunter und sprang über den Weg. Die Äste der Tannen hingen schwer herab in die feuchte Luft. Am Himmel zogen graue Wolken, aber alles so dicht – und dann dampfte der Nebel herauf und strich schwer und feucht durch das Gesträuch, so träg, so plump. Er ging gleichgültig weiter, es lag ihm nichts am Weg, bald auf-, bald abwärts. Müdigkeit spürte er keine, nur war es ihm manchmal unangenehm, daß er nicht auf dem Kopf gehn konnte« (aus: Georg Büchner, »Lenz«).

Übung 67
Wie in Übung 66 mit Prosa vorgeschlagen, lässt sich auch mit Lyrik verfahren. Nehmen Sie ein Gedicht, das Ihnen gefällt, und schreiben es ab. Führen Sie das Gedicht fort oder schreiben Sie ein eigenes. Falls es für Sie hilfreich ist, übernehmen Sie die Struktur des fremden Gedichtes, sollten Sie spontan in einen eigenen Rhythmus finden, blockieren Sie diesen nicht, indem Sie sich zwingen, sich an die fremde Struktur zu halten. Legen Sie sich hierfür eine Gedichtsammlung zu. Beispiel: Manchmal spricht ein Baum/ durch das Fenster/mir Mut zu/Manchmal/leuchtet ein Buch/als Stern/auf meinem Himmel/Manchmal/ein Mensch/den ich nicht kenne/der meine Worte/erkennt (Rose Ausländer).

Übung 68
Auf einer Wiese steht eine Frau in einem weißen Kleid, in der Hand hält sie eine rote Mohnblume. Nehmen Sie ein Blatt Papier und notieren Sie, wer die Frau ist und was sie auf der Wiese macht, ob sie die Blume selbst gepflückt oder geschenkt bekommen hat.

Schreiben Sie eine Geschichte über die Frau, ob sie alleine ist oder ob jemand bei ihr ist, den wir nicht sehen, weil er im Gras liegt. Vielleicht erinnert Sie die Szene an etwas, dann schreiben Sie über Ihre Erinnerungen.

Übung 69
Jemand sagt zu Ihnen: »Ich habe Angst, wenn du aus dem Haus gehst, denn es könnte anfangen zu regnen, und ein Regentropfen könnte dich erschlagen.« Nehmen Sie ein Blatt Papier und notieren Sie, wer diesen Satz zu Ihnen gesagt haben könnte. Was löst der Satz an Gedanken und Gefühlen in Ihnen aus? Vielleicht gibt es jemanden, von dem Sie sich diesen Satz wünschen würden. Notieren Sie alles, was der Satz in Ihnen auslöst. Sie können den Satz auch als Anregung für einen Dialog nehmen.

Übung 70
»Machen Sie immer, was Sie machen wollen. Gehen Sie weiter, immer weiter. Sie werden sehen, dass es die meiste Zeit nicht geht. Und das Leben wird sie korrigieren. Dann sollten sie nicht traurig sein. Zugleich werden Sie immer wieder überrascht sein, was alles geht. Und dann haben Sie es geschafft.« Nehmen Sie ein Blatt Papier und notieren Sie, was Sie von dieser Aussage des Direktors einer herzchirurgischen Klinik halten.

Mal- und Schreibübungen

»*Der Wahrheitsgehalt der Kunstwerke ist die objektive Auflösung des Rätsels eines jeden einzelnen. Indem es die Lösung verlangt, verweist es auf den Wahrheitsgehalt.*« *(Theodor W. Adorno)*

Einleitung

Kunst ist wie Wirklichkeit das Ergebnis von Kommunikation. Wie es zahllose Wirklichkeiten gibt, existieren zahlreiche Kunstauffassungen und -empfindungen, die zuweilen widersprüchlich sein können, letztlich aber alle als Ergebnis von Kommunikation verstanden werden können. Malen und Schreiben sind zwei Techniken, die dem Menschen helfen, sich auszudrücken. Malen ist sowohl historisch als auch individuell die ältere Technik. Lange bevor Menschen anfingen zu schreiben, malten sie, wovon wir in Form der Höhlenmalereien Zeugnis haben. Auf der individuellen Zeitachse fängt der Mensch an zu malen, bevor er schreibt. Es existiert die kindliche Lust am Darstellen auf dem Papier mit Hilfe von Farben. Diese kindliche Erfahrung lässt sich im Erwachsenenalter nutzen. Bei Erlebnissen, die emotional sehr bewegend und zugleich schwer begreifbar sind, kann Malen helfen, einen ersten passenden Ausdruck zu finden, der sich nicht an ästhetischen Kriterien misst, sondern daran, ob der enthaltene Ausdruck stimmig mit dem Erleben des Malers ist. Dieser Ausdruck kann sich in farbigen Flächen, Strichen oder Klecksen verbildlichen. Wichtig ist die Bedeutung, die der Malende dem Gemalten beimisst. Versteht man die gemalten Bilder als Spiegel innerer Bilder, als eine erste Übersetzung von Gefühlen, können diese in einem zweiten Schritt einen sprachlichen Ausdruck generieren.

Die Poesietherapie ist nicht ausschließlich eine verbale Therapieform. Beim Schreiben werden innere Bilder verbalisiert und Sprachbilder verwendet; durch das geschriebene Wort entsteht im Empfänger bildhaftes Denken; der bildhaften Betrachtung kann eine verbale Benennung folgen, in der Kommunikation über das Gemalte und Gesehene stattfindet, so dass die Trennlinie zwischen verbaler und bildhafter Darstellung nicht scharf gezogen werden kann. Verschränkt man Malen und Schreiben miteinander, kann sich das jeweils eine als fruchtbar für das andere erweisen.

Besorgen Sie sich für die folgenden Übungen ausreichend Material, je nachdem, mit was Sie arbeiten wollen. Von Vorteil sind verschiedene Bleistifte, Buntstifte, Wasser- und Ölfarben, Filzstifte und Fingerfarben. Sie können Ihre Materialen zunehmend erweitern, je nachdem, welche Technik Sie versuchen wollen. Wie beim Schreiben geht es auch beim Malen zunächst darum, den inneren Zensor auszuschalten. Es geht nicht darum, ein besonderes Bild zu schaffen oder sich als Maler zu verstehen, sondern einzig darum, einen dem inneren Erleben gemäßen Ausdruck zu finden. Geben Sie sich die Erlaubnis, die Sie einem Kind geben würden, und stellen Sie sicher, dass Sie alles haben, was Sie zum Malen brauchen. Neben Stiften und Farben hat es sich als vorteilhaft erwiesen, Papier verschiedener Größe und Konsistenz zu haben. Vielleicht schaffen Sie sich ein Skizzenbuch an, in dem Sie sowohl malen als auch schreiben können. Selbstverständlich kann man auch Texte bebildern, Bilder beschriften oder Bild-Text-Collagen anfertigen. Für alle Verbindungen von Malen und Schreiben lassen sich ausreichend Beispiele finden, vielleicht schaffen Sie eine ganz eigene Verbindung.

Übungsteil

Übung 1
Nehmen Sie ein Blatt Papier und einen Stift und kritzeln Sie drei bis fünf Minuten absichtslos auf dem Papier herum und erlauben sich, an nichts und alles zu denken, wie Sie es vielleicht bei einem Telefongespräch machen würden. Legen Sie den Stift beiseite, schließen Sie für eine Minute die Augen, öffnen Sie sie, blicken Sie auf das Blatt Papier mit den Kritzeleien und notieren Sie alles, was Ihnen dazu einfällt. Vielleicht ergeben die Kritzeleien ein Bild, erinnern Sie an eine Landschaft oder ein Tier, oder Sie finden die Kritzeleien albern und unsinnig. Notieren Sie, was immer Ihnen zu den Kritzeleien in den Sinn kommt.

Übung 2
Wählen Sie eine Farbe, die in diesem Augenblick am besten mit Ihrer Befindlichkeit übereinstimmt. Malen Sie mit dieser Farbe, was Ihnen in den Sinn kommt, farbige Flächen, Kreise, Quadrate oder Linien. Wenn Sie mögen, mischen Sie andere Farben dazu und finden Sie auf diese Weise eine Farbe, die Ihrem aktuellen Befinden entspricht. In einem zweiten Schritt notieren Sie, was die gewählte Farbe für Sie symbolisiert und welches Verhältnis Sie zu der Farbe haben. Notieren Sie ebenfalls, welche Farbe Ihr Leben haben sollte, wenn Sie wählen könnten. Betrachten Sie das Bild, als hätte es jemand anders gemalt, und notieren Sie, welche Gedanken und Gefühle es auslöst.

Übung 3
Malen Sie Ihr bisheriges Leben. Beginnen Sie damit, eine Linie zu ziehen, die Ihr bisheriges Leben symbolisieren könnte. Die Linie muss nicht gerade sein, sie kann herauf oder herab führen, unter-

brochen oder doppelt sein. Sie können die Linie mit verschiedenen Farben und Stiften malen. Markieren Sie unter der Linie Jahreszahlen oder Ihr Lebensalter. Betrachten Sie besonders aufmerksam das Ende der Linie, Ihre aktuelle Situation. Dann zeichnen Sie die Linie in die Zukunft: Wie könnte sie weitergehen oder wie würden Sie sich wünschen, dass sie weitergeht? Lassen Sie das Bild auf sich wirken und notieren Sie alles, was Ihnen dazu einfällt.

Übung 4
Schließen Sie die Augen und fragen sich, welches Symbol am besten zu Ihrer aktuellen Situation und Verfassung passt und in welcher Farbe oder welchen Farben es sein sollte. Dann nehmen Sie Stifte und Farben, die Ihnen passend erscheinen, und malen Ihr aktuelles Symbol. Sie können auch mehrere Symbole und Farben ausprobieren, bis Sie das Gefühl haben, das Symbol und die Farbzusammensetzung sind stimmig mit Ihrem aktuellen Zustand. Dann notieren Sie, was das Symbol für Sie ausdrückt und warum Sie welche Farbe gewählt haben. Heben Sie das Symbol auf, betrachten Sie es zu einem späteren Zeitpunkt erneut und notieren Sie, wie es dann auf Sie wirkt. Vergleichen Sie die beiden Texte und notieren Sie, was Ihnen dazu einfällt.

Übung 5
Malen Sie ein paar Kleckse auf ein Blatt Papier. Sie können verschiedene Farben wählen oder alle Kleckse in einer Farbe malen, auch bleibt es Ihnen überlassen, wie viele Kleckse Sie malen, wie groß die Kleckse sind und in welchem Abstand sie sich zueinander befinden. Hören Sie erst damit auf, wenn Sie das Gefühl haben, das Bild ist für Sie stimmig. Sie können auch mehrere Klecksbilder malen, so lange, bis eines davon Sie anspricht. Lassen Sie das Bild auf sich wirken und notieren Sie alles, was Ihnen dazu einfällt.

Übung 6
Malen Sie Ihren Namen zunächst in großen Bewegungen in die Luft. Dann nehmen Sie ein Blatt Papier und malen Ihren Namen mit verschiedenen Stiften, Farben, in unterschiedlicher Größe und Schrift. Betrachten Sie die auf diese Weise entstandenen Namen und notieren, was für Gedanken und Gefühle Ihnen dazu in den Sinn kommen. Notieren Sie außerdem, was Sie beim Malen empfunden haben und welche Einstellung Sie zu Ihrem Namen haben.

Übung 7
Nehmen Sie Stift, Pinsel oder Kreide und beginnen Sie in der Farbe, die Ihre Stimmung aktuell am besten wiedergibt, eine Fläche zu schraffieren. Füllen Sie so viel Fläche mit dieser Farbe, wie es Ihrer Stimmung entspricht. Dann greifen Sie zu einer anderen Farbe und schraffieren mit dieser ebenfalls einen Bereich des Blattes. So verfahren Sie mit beliebig vielen Farben. Sie können die Farben direkt nebeneinandersetzen oder weiße Fläche dazwischen lassen. Wenn Sie das Gefühl haben, die Farben sind so auf dem Papier, wie es Ihnen aktuell entspricht, betrachten Sie das Bild einen Augenblick und notieren Ihre Eindrücke.

Übung 8
Malen Sie die Geschichte Ihrer Stimme, von der Geburt bis heute, in Farbe. Berücksichtigen Sie, wie laut oder leise Sie in den einzelnen Lebensabschnitten waren und ob und von wem Sie gehört wurden. Fragen Sie sich, ob Ihre Stimme immer ähnlich war oder unterschiedlich in den einzelnen Lebensphasen. Vergegenwärtigen Sie sich, in welchem Kontext Sie aktuell welche Stimme einsetzen oder ob Sie immer gleich sprechen. Fragen Sie sich außerdem, ob Sie Ihre Stimme mögen, ob Sie Ihre Stimme überhaupt kennen. Malen Sie den Weg Ihrer Stimme in den Farben, die Ihnen passend

vorkommen, so hell oder dunkel, wie es Ihnen stimmig scheint, so dick oder dünn, wie Ihre Stimme war oder ist. Wenn Sie fertig sind, betrachten Sie das Bild und notieren Sie, was Ihnen dazu einfällt.

Übung 9
Nehmen Sie einen Spiegel und stellen ihn vor sich auf den Tisch. Versuchen Sie, Ihr Gesicht zu malen. Dabei geht es nicht um eine gelungene oder realistische Abbildung Ihres Gesichts, sondern darum, was Sie an diesem Tag darin entdecken und festhalten wollen. Nehmen Sie sich dazu so viel Zeit, wie Sie benötigen. Dann schreiben Sie, wie schwer oder leicht es Ihnen gefallen ist und welche Gedanken und Gefühle die Betrachtung Ihres Gesichts und der anschließende Versuch, es zu malen, in Ihnen ausgelöst haben.

Übung 10
Fragen Sie sich, welchem Menschen Sie aktuell etwas sagen wollen. Dabei spielt es keine Rolle, ob dieser Mensch noch lebt oder für Sie aus anderen Gründen nicht erreichbar ist. Nachdem Sie sich überlegt haben, mit wem Sie an diesem speziellen Tag gerne sprechen würden, nehmen Sie ein Blatt Papier und zeichnen jeweils links und rechts ein Strichmännchen. Das eine Strichmännchen symbolisiert Sie, das andere Ihren Gesprächspartner. Achten Sie beim Malen auf die Größe der Männchen, die Dicke der Striche und die Farben, in der Sie die Männchen darstellen. Schließen Sie einen Moment die Augen und stellen Sie sich den Dialog vor, der zwischen Ihnen und Ihrem Gesprächspartner stattfinden könnte. Öffnen Sie die Augen und malen Sie in den Raum zwischen den beiden Männchen, was passiert.

»Jemand setzt sich zur Aufgabe, die Welt abzuzeichnen. Im Laufe der Jahre bevölkert er einen Raum mit Bildern von Provinzen, Königreichen, Gebirgen, Buchten, Schiffen, Inseln, Fischen, Behausungen, Werkzeugen, Gestirnen, Pferden und Personen. Kurz bevor er stirbt, entdeckt er, dass dieses geduldige Labyrinth aus Linien das Bild seines eigenen Gesichts wiedergibt.« (Jorge Luis Borges)

Literatur

Affolter, F. (1987). Wahrnehmung, Wirklichkeit und Sprache. Villingen-Schwenningen: Neckar-Verlag.
Baikie, K. A., Wilhelm, K. (2005). Emotional and physical health benefits of expressive writing. Advances in Psychiatric Treatment, 11, 338–346.
Benedetti, G. (1998). Botschaft der Träume. Göttingen: Vandenhoeck & Ruprecht.
Bolton, G. (1999). The therapeutic potential of creative writing. London: Jessica Kingsley Publishers.
Borges, J. L. (1982). Gedichte 1923–1965. Gesammelte Werke, Band 1. München: Hanser.
Burkhard, A. (2006). Achtsamkeit. Ein Meditationshandbuch für Therapeuten und Klienten. München: CIP-Medien.
Cameron, J. (1992/1996). Der Weg des Künstlers. Ein spiritueller Pfad zur Aktivierung unserer Kreativität. München: Droemer Knaur.
Cameron, J. (1999/2003). Von der Kunst des Schreibens. Und der spielerischen Freude, die Worte fließen zu lassen. München: Knaur-Taschenbuch.
Caroll, R. (2005). Finding the words to say it: the healing power of poetry. Evidence-based Complementary and Alternative Medicine, 2/2, 161–172.
Coles, W. (1974). Composing: writing as a self-creating process.
Csíkszentmihályi, M. (2010). Kreativität. Wie Sie das Unmögliche schaffen und Ihre Grenzen überwinden. Stuttgart: Klett-Cotta.
Eeden, F. van (1913). A study of dreams. In: Proceedings of the Society for Psychical Research, Vol. 26.
Elbow, P. (1998). Writing with power. Oxford: Oxford University Press.
Farrow, E. P. (1984). Bericht einer Selbstanalyse. Eine Methode, unnötige Ängste und Depressionen abzubauen Stuttgart: Klett-Cotta.
Ferenczi, S. (2005). Schriften zur Psychoanalyse. Frankfurt a. M.: S. Fischer.
Fischer, E. (1998). Wahrnehmungsförderung. Handeln und sinnliche Erkenntnis bei Kindern und Jugendlichen. Dortmund: Borgmann.
Freud, S. (1900). Die Traumdeutung. G. W. Bd. II/III. Frankfurt a. M.: Fischer.

Fröchling, J. (1989). Was beim Schreiben so passiert und wie man damit umgehen kann. PTI-Info, 9, 74.

Gesing, F. (1994). Kreativ Schreiben. Handwerk und Techniken des Erzählens. Köln: DuMont.

Goffman, E. (1959). Wir alle spielen Theater. Die Selbstdarstellung im Alltag. New York.

Greenhalgh, T. (1999). Writing as therapy. British Medical Journal, 319, 270–271.

Groddeck, G. (1961). Das Buch vom Es. Psychoanalytische Briefe an eine Freundin. Wiesbaden: Limes.

Haag, M. (1986). Werkstatt zum Träumen und Schreiben. München.

Harrower, M. (1972). The therapy of poetry. Springfield, IL: Charles C. Thomas.

Heimes, S. (1998). Schreiben als Selbstheilung? Ein Versuch über zwei Werke von Peter Handke mittels einer endo-/exopoetischen Untersuchung. Dissertation. Frankfurt a. M.

Heins, R. (2005). Handbuch des Kreativen Schreibens. Creative Writing für Sozialpädagogen. Baltmannsweiler: Schneider-Verlag Hohengehren.

Holm-Hadulla, R. M. (2007). Kreativität. Konzept und Lebensstil (2. Aufl.). Göttingen: Vandenhoeck & Ruprecht.

Holm-Hadulla, R. M. (2009). Leidenschaft: Goethes Weg zur Kreativität. Eine Psychobiographie (2. Aufl.). Göttingen: Vandenhoeck & Ruprecht.

Jung, I. (1989). Schreiben und Selbstreflexion. Eine literaturpsychologische Untersuchung literarischer Produktivität. Opladen: Westdeutscher Verlag.

Kabat-Zinn, J. (1994/2007). Im Alltag Ruhe finden. Meditationen für ein gelassenes Leben. Frankfurt a. M.: Fischer-Taschenbuch-Verlag.

Kant, I. (1785/1986). Grundlegung zur Methaphysik der Sitten. Frankfurt a. M.

Kimmerle, H. (1992). Jacques Derrida zur Einführung (3. Auflage). Hamburg: Junius.

Koopman, C. et al. (2005). The effects of expressive writing on depression and posttraumatic stress symptoms in survivors of intimate violence. Journal of Health Psychology, 10/2, 211–221.

Krechel, U. (2003). In Zukunft schreiben. Handbuch für alle, die schreiben wollen. Salzburg u. Wien: Jung und Jung.

Langercrantz, O. (1980). Strindberg. Frankfurt a. M.

Leedy, J. J. (1969). Poetry therapy. Philadelphia.

Lehrer, J. (2012). Imagine: How creativity works. Boston, Massachusetts: Houghton Mifflin Harcourt.

Leitner, F. (2004). Die Venus streikt. Gesund durch die Kraft der Poesie. Münster: Daedalus-Verlag.

Lepore, S. J. (1997). Expressive writing moderates the relation between intrusive thoughts and depressive symptoms. Journal of Personality and Social Psychology, 73, 1030–1037.

Lepore, S. J., Smyth, J. M. (2003). The writing cure: how expressive writing promotes health and emotional well-being. Psychoanalytic Psychology, 20, 575–578.

Lerner, A. (1980). Poetry in the therapeutic experience. New York.

Machado, A. (2005). Juan de Mairena. Zürich: Ammann.

Marschik, M. (1993). Poesietherapie. Therapie durch Schreiben? Wien: Turia und Kant.

Merleau-Ponty, M. (1974). Phänomenologie der Wahrnehmung. München: de Gruyter.

Csíkszentmihályi, M. (2010). Kreativität. Stuttgart: Klett-Cotta.

Moser, T. (1985). Romane als Krankengeschichten. Frankfurt a. M.: Suhrkamp.

Muschg, A. (1981). Literatur als Therapie? Ein Exkurs über das Heilsame und das Unheilbare. Frankfurt a. M.: Suhrkamp.

Nadolny, S. (2001). Das Erzählen und die guten Ideen. Die Göttinger und Münchner Poetik-Vorlesungen. München: Piper.

Nolte, D. (1989). Kreatives Schreiben zwischen Literatur und Lebenshilfe. In: Projekt kreatives Schreiben. Aachen.

Pearce, J. C. (1983). Die heilende Kraft. Östliche Meditation in westlicher Deutung. Tübingen: Wunderlich.

Peez, G. (2001). Meißeln an sich selber. Ästhetische Bildung Erwachsener. Erwachsenenbildung, 2.

Pennebaker, J. W. (1990). Opening up. The healing power of expressing emotions. New York: William Morrow.

Pennebaker, J. W. (1991). Writing your wrongs. American Health, 10, 64–67.

Pennebaker, J. W. (2004) Writing to heal. A guided journal for recovering from traumal & emotional upheaval. Oakland, CA.

Petzold, H. G., Orth I. (2005). Poesie und Therapie. Über die Heilkraft der Sprache. Poesietherapie, Bibliotherapie, Literarische Werkstätten. Bielefeld: Ed. Sirius.

Reddemann, L. (2001). Imagination als heilsame Kraft. Stuttgart: Pfeiffer bei Klett-Cotta.
Reddemann, L. (2004). Psychodynamisch Imaginative Traumatherapie, PITT – das Manual. Stuttgart: Pfeiffer bei Klett-Cotta.
Rico, G. L. (1984). Garantiert Schreiben lernen. Sprachliche Kreativität methodisch entwickeln. Ein Intensivkurs auf der Grundlage der modernen Gehirnforschung. Reinbek: Rowohlt.
Schoutrop, M. J. A. et al. (2002). Structured writing and processing major stressful events. A controlled trial. Psychotherapy and Psychosomatics, 71, 151–157.
Schuster, M. (1986). Kunsttherapie. Die heilende Kraft des Gestaltens. Köln: DuMont.
Schuster, P. (1979). Sinnlichkeit und Talent. Zu einer Grundbedingung des Schreibens. Literaturmagazin, 11, 164.
Sloterdijk, P. (1988). Zur Welt kommen – Zur Sprache kommen. Frankfurter Vorlesungen. Frankfurt a. M.: Suhrkamp.
Smyth, J. M. (1998). Written emotional expression: effect sizes, outcome types, and moderating variabels. Journal of Consulting and Clinical Psychology, 66/1, 174–184.
Spitzer, M. (2002). Lernen: Gehirnforschung und die Schule des Lebens. Heidelberg u. Berlin: Spektrum, Akademie-Verlag.
Starobinsky, J. (1973). Psychoanalyse und Literatur. Frankfurt a. M.: Suhrkamp.
Steiner, R. (1981). Zur Sinneslehre: Vorträge. Themen aus dem Gesamtwerk, Band 3. Stuttgart: Verlag Freies Geistesleben.
Streeruwitz, M. (1997). Sein. Und Schein. Und Erscheinen. Tübinger Poetikvorlesungen. Frankfurt a. M.: Suhrkamp.
Thomas, K. (1976). Selbstanalyse. Die heilende Biographie, ihre Abfassung und ihre Auswirkungen (2. Auflage). Stuttgart: Thieme.
Thoreau, H. D. (1854). Walden and other writings. New York.
Vom Scheidt, J. (2003): Kreatives Schreiben. Texte zu sich selbst und zu anderen. Frankfurt a. M.: Fischer-Taschenbuch-Verlag.
Watzlawick, P. (1969). Menschliche Kommunikation. Bern: Huber.
Werder, L. von (1995). Schreib- und Poesietherapie. Eine Einführung (2. Auflage). München u. Weinheim: Beltz/PVU.
Werder, L. von (1991). Sich in die Worte zu verwandeln. Therapeutische und pädagogische Aspekte des Kreativen Schreibens. Berlin.
Werder, L. von (1996). Erinnern, Wiederholen, Durcharbeiten. Die eigene Lebensgeschichte kreativ schreiben. Berlin u. Milow: Schibri-Verlag.

Werder, L. von (1990). Lehrbuch des Kreativen Schreibens. Berlin: Ifk-Verlag.

Werder, L. von, Schulte-Steinicke, B. (1998). Schreiben von Tag zu Tag. Wie das Tagebuch zum kreativen Begleiter wird. Übungen für Einzelne und Gruppen. Zürich: Walter.

Silke Heimes bei V&R

Silke Heimes
Schreib dich gesund
Übungen für verschiedene
Krankheitsbilder
2015. 125 Seiten, kartoniert
ISBN 978-3-525-40458-4

eBook: ISBN 978-3-647-40458-5

Nicht alle Krankheiten lassen sich erfolgreich behandeln, doch mit allen Krankheiten lässt es sich leben. Schreibend kann es gelingen, eine größere Akzeptanz zu entwickeln und die Lebensqualität zu verbessern.

Silke Heimes
Schreiben als Selbstcoaching
Inklusive E-Book.
2014. 128 Seiten, mit 1 Abb., kartoniert
ISBN 978-3-525-40457-7

»Das Buch ist eine Fundgrube praktisch anwendbarer Schreibanlässe, die dazu verhelfen, die persönliche Situation des Lesers präzise zu erfassen und eine Metaperspektive einzunehmen.«
Kontext (Sabine Wackenroder)

Silke Heimes
Schreib es dir von der Seele
Kreatives Schreiben leicht gemacht
2. Auflage 2011. 168 Seiten, kartoniert
ISBN 978-3-525-40430-0

»Anhand vielfältiger praktischer Übungen, die leicht durchführbar sind und Schreibspaß vermitteln, zeigt die Autorin, wie es gelingen kann, das ›Schreib-Ich‹ zu wecken und Schreiben als natürliche, kreative Kraft- und Inspirationsquelle zu nutzen.«
Sichere Arbeit

Silke Heimes
Regenbogenbandwurmhüpfer
Kreatives Schreiben für Kinder und Jugendliche
2011. 172 Seiten, kartoniert
ISBN 978-3-525-40211-5

eBook: ISBN 978-3-647-40211-6

»Das Buch ist eine Schatztruhe, bis zum Rand gefüllt…«
Praxis der Kinderpsychologie und Kinderpsychiatrie (Kay Niebank)

Verlagsgruppe Vandenhoeck & Ruprecht | V&R unipress

www.v-r.de

Silke Heimes bei V&R

Silke Heimes
Künstlerische Therapien
Ein intermedialer Ansatz
UTB 3397
2010. 139 Seiten, mit 9 Abb., kart.
ISBN 978-3-8252-3397-6

eBook: ISBN 978-3-8385-3397-1

Silke Heimes gibt einen knappen und doch umfassenden Überblick über die Künstlerischen Therapien und ihre jeweiligen Möglichkeiten und Wirkungen in der psychotherapeutischen Arbeit.

Silke Heimes
Schreiben im Studium: das PiiP-Prinzip
Mit 50 Tipps von Studierenden für Studierende
UTB 3457
2011. 112 Seiten, mit 3 Abb., kartoniert
ISBN 978-3-8252-3457-7

eBook: ISBN 978-3-8252-3457-7

»…ein guter Ratgeber für alle, die eine wissenschaftliche Arbeit anfertigen wollen und Orientierung suchen…« socialnet.de
(Andreas Ploog)

Silke Heimes
Warum Schreiben hilft
Die Wirksamkeitsnachweise zur Poesietherapie
2012. 260 Seiten, mit 5 Tab., kart.
ISBN 978-3-525-40161-3

eBook: ISBN 978-3-647-40161-4

»Es ist sehr erfreulich, dass Silke Heimes neben den therapeutischen Werkbüchern nunmehr auch einen Band verfasst hat, der die wissenschaftliche Evidenz darstellt.« *Praxis der Kinderpsychologie und Kinderpsychiatrie* (Holger Koppe / Inga Rettcher)

Silke Heimes / Petra Rechenberg-Winter / Renate Haußmann (Hg.)
Praxisfelder des kreativen und therapeutischen Schreibens
2013. 314 Seiten, mit 25 Abb. und 3 Tab., kartoniert
ISBN 978-3-525-40189-7

eBook: ISBN 978-3-647-40189-8

Kreatives und therapeutisches Schreiben in verschiedenen Praxisfeldern zu nutzen: Das ist das gemeinsame Anliegen der Autorinnen, die praxisrelevante Ansätze erproben, erschließen und erforschen.

www.v-r.de